Hermann Gelhaus
unter Mitarbeit von Roger Frey und Otfried Heyne

Vorstudien zu einer
kontrastiven Beschreibung der
schweizerdeutschen Schriftsprache
der Gegenwart
Die Rektion der Präpositionen trotz, während und wegen

Europäische Hochschulschriften

Publications Universitaires Européennes
European University Papers

Reihe I
Deutsche Literatur und Germanistik

Série I   Series I
Langue et littérature allemandes
German language and literature

Bd./vol. 58

Hermann Gelhaus
unter Mitarbeit von Roger Frey und Otfried Heyne

Vorstudien zu einer
kontrastiven Beschreibung der
schweizerdeutschen Schriftsprache
der Gegenwart
Die Rektion der Präpositionen trotz, während und wegen

Herbert Lang Bern
Peter Lang Frankfurt/M.
1972

Hermann Gelhaus
unter Mitarbeit von Roger Frey und Otfried Heyne

Vorstudien zu einer kontrastiven Beschreibung der schweizerdeutschen Schriftsprache der Gegenwart

Die Rektion der Präpositionen trotz, während und wegen

Herbert Lang Bern
Peter Lang Frankfurt/M.
1972

ISBN 3 261 00057 0

©

Herbert Lang & Cie AG, Bern (Schweiz)
Peter Lang GmbH, Frankfurt/M. (BRD)
1972. Alle Rechte vorbehalten.

Druck: Lang Druck AG, Liebefeld/Bern (Schweiz)

INHALTSVERZEICHNIS

SCHRIFTENVERZEICHNIS

Andresen, Karl Gustav: Sprachgebrauch und Sprachrichtigkeit im Deutschen, 12. Aufl., Darmstadt 1967 (= unveränderter reprographischer Nachdruck der 11., von Franz Söhns herausgegebenen Auflage, Leipzig 1923).

Appel, Elsbeth: Vom Fehlen des Genitiv-s, München 1941.

Bach, Adolf: Geschichte der deutschen Sprache, 8. Aufl., Heidelberg 1965.

Bech, Gunnar: Studien über das deutsche verbum infinitum (= Det Kongelige Danske Videnskabernes Selskab. Historisk-filologiske Meddelelser, bind 35, no. 2; 36, no. 6), Kopenhagen 1955-1957.

Betz, Werner: Sprachlenkung und Sprachentwicklung. In: Sprache und Wissenschaft, Göttingen 1960, S. 85ff.

ders.: Möglichkeiten und Grenzen der Sprachkritik. In: Sprache im technischen Zeitalter 25, 1968, S. 7ff.

Boesch, Bruno: Sprachpflege in der Schweiz. In: Sprachnorm, Sprachpflege, Sprachkritik (= Sprache der Gegenwart. Schriften des Instituts für deutsche Sprache II), Düsseldorf 1968, S. 220ff.

Bradley, Jack I. - McClelland, James N.: Grundlegende statistische Begriffe, ins Deutsche übertragen und adaptiert von Marga Nüssli-Marolt und Hardi Fischer, Bern-Stuttgart 1966.

Brinkmann, Hennig: Die deutsche Sprache. Gestalt und Leistung (= Sprache und Gemeinschaft, Grundlegung Bd. I), Düsseldorf 1962.

Bruckner, Wilhelm: Abriss der deutschen Sprachlehre für höhere schweizerische Schulen, Basel 1934.

Dal, Ingerid: Kurze deutsche Syntax (= Slg. kurzer Grammatiken germ. Dialekte, B. Ergänzungsreihe 7), Tübingen 1952.

Daniels, Karl Heinz: Substantivierungstendenzen in der deutschen Gegenwartssprache. Nominaler Ausbau des verbalen Denkkreises (= Sprache und Gemeinschaft, Studien 3), Düsseldorf 1963.

Drosdowski, Günter - Grebe, Paul - Müller, Wolfgang u.a. (Bearb.): Hauptschwierigkeiten der deutschen Sprache (= Der Grosse Duden 9), Mannheim 1965.

Edman, Lars: Zur Rection der deutschen Präpositionen, Upsala 1879.

Ekkert, Woldemar: Zur Deklination der Substantive. In: Deutsch als Fremdsprache 6, 1968, S. 364ff.

Erben, Johannes: Gesetz und Freiheit in der deutschen Hochsprache der Gegenwart. Norm - Spielraum - Verstösse. In: Der Deutschunterricht 5, 1960, S. 5ff.

ders.: Abriss der deutschen Grammatik, 9., unveränderte Aufl., München 1966.

ders.: Deutsche Grammatik. Ein Leitfaden (= Fischer-Handbuch 904), Frankfurt a.M. - Hamburg 1968.

Falk, Alfred: Besonderheiten des deutschen Wortschatzes in der Schweiz. In: Muttersprache 10, 1965, S. 289ff.

Flothuis, M.H.: Das Verhältniswort. Ein Beitrag zur deutschen Syntax, Groningen 1928 (mir nicht erreichbar).

ders.: "Dativ oder Akkusativ"? Ergänzung zur Schrift "Das Verhältniswort", Groningen 1929 (mir nicht erreichbar).

Folsom, Marvin H.: brauchen im System der Modalverben. In: Muttersprache 11, 1968, S. 321ff.

Frühe, Eugen: Untersuchungen über den Wortschatz schweizerischer Schriftsteller des 18. und 19. Jahrhunderts, Diss. Freiburg/Brsg. 1913.

Gelhaus, Hermann: Strukturanalyse und Statistik. Ueber den Widerstreit zweier Kriterien. In: Wirkendes Wort 5, 1969, S. 310ff.

ders.: "Trotz Rechts" oder "trotz Recht"? In: Muttersprache 12, 1969, S. 355ff.

Götze, Alfred: Aus dem deutschen Wortschatz schweizerischer Zeitungen. In: Neue Jahrbücher für das klassische Altertum, Geschichte und deutsche Literatur 41, 1918, S. 409ff.

Grebe, Paul: Geschichte und Leistung des Dudens. In: Wirkendes Wort 2, 1962, S. 65ff.

ders. u.a. (Bearb.): Grammatik der deutschen Gegenwartssprache (= Der Grosse Duden 4), 2., vermehrte und verbesserte Aufl., Mannheim 1966.

ders.: Sprachnorm und Sprachwirklichkeit. In: Wirkendes Wort 16, 1966, S. 145ff.

Greyerz, Otto von: Deutsche Sprachschule für Schweizer Mittelschulen, Bern 1922.

Griesbach, Heinz - Schulz, Dora: Deutsche Sprachlehre für Ausländer (Grundstufe), 18., durchgesehene Aufl., München 1966.

dies.: Grammatik der deutschen Sprache, 4. Aufl., München 1966.

Hackel, Werner: Präpositionen mit Substantiven ohne erkennbaren Kasus. In: Deutsch als Fremdsprache 6, 1968, S. 325ff.

Handt, Friedrich (Hrsg.): Deutsch - Gefrorene Sprache in einem gefrorenen Land? Polemik, Analysen, Aufsätze, Berlin 1964.

Haseloff, Otto W. - Hoffmann, Hans J.: Kleines Lehrbuch der Statistik, 3. Aufl., Berlin 1968.

Hauser, Joseph: Deutsches Sprachbuch für die Realschule, Basel 1961.

Henzen, Walter: Schriftsprachen und Mundarten. Ein Ueberblick über ihr Verhältnis und ihre Zwischenstufen im Deutschen, 2. Aufl., Bern 1954.

Heuer, Walter: Richtiges Deutsch. Sonderausgabe der "Sprachschule für Schriftsetzer und Korrektoren", 3. Aufl., Zürich 1961.

Jäger, Siegfried: Die Sprachnorm als Aufgabe von Sprachwissenschaft und Sprachpflege. In: Wirkendes Wort 18, 1968, S. 361ff.

ders.: Ist brauchen mit zu nicht sprachgerecht? In: Muttersprache 11, 1968,
S. 330ff.

Jung, Walter: Grammatik der deutschen Sprache, Leipzig 1966.

Kaiser, Stephan: Die Besonderheiten der deutschen Schriftsprache in der Schweiz.
Bd. I: Wortgut und Wortgebrauch (= Duden-Beiträge 30a), Mannheim 1969.

Kellerer, Hans: Statistik im modernen Wirtschafts- und Sozialleben (= rowohlts
deutsche enzyklopädie 103-104), Reinbek bei Hamburg 1960.

ders.: Theorie und Technik des Stichprobenverfahrens (= Einzelschriften der
Deutschen Statistischen Gesellschaft 5), 3. Aufl., München 1963.

Kolb, Herbert: Sprache in der unverstandenen Welt. In: Zeitschrift für deutsche
Wortforschung 17, 1961, S. 149ff.

ders.: Ueber brauchen als Modalverb. Beiträge zu einer Wortgeschichte. In:
Zeitschrift für deutsche Sprache 20, 1964, S. 64ff.

Korn, Karl: Sprache in der verwalteten Welt, 2. Aufl., Olten - Freiburg/Brsg.
1959.

Mackensen, Lutz (Hrsg.): Gutes Deutsch in Schrift und Rede, Gütersloh 1967.

Meier, Helmut: Deutsche Sprachstatistik. Mit einem Geleitwort von Lutz
Mackensen, 2 Bde., Hildesheim 1964.

Möller, Georg: Deutsch von heute. Kleine Stilkunde unserer Gebrauchssprache,
3., verbesserte Aufl., Leipzig 1965.

Mörikofer, J.C.: Die schweizerische Mundart im Verhältnis zur hochdeutschen
Schriftsprache, Frauenfeld 1838.

Moser, Hugo: Entwicklungstendenzen des heutigen Deutsch. In: Der Deutschunterricht 2, 1954, S. 87ff.

ders.: Neuere und neueste Zeit. Von den 80 er Jahren des 19. Jahrhunderts zur
Gegenwart. In: Deutsche Wortgeschichte, Bd. II, hrsg. von Fr. Maurer und Fr.
Stroh (= Grundriss der germanischen Philologie 17), 2. Aufl., Berlin 1959.

ders.: Eigentümlichkeiten des Satzbaus in den Aussengebieten der deutschen
Hochsprache (ausserhalb der Grenzen von 1937). In: Sprache - Schlüssel zur
Welt. Festschrift für Leo Weisgerber, Düsseldorf 1959.

ders.: "Umgangssprache". Ueberlegungen zu ihren Formen und ihrer Stellung
im Sprachganzen. In: Zeitschrift für Mundartforschung 27, 1959/60, S. 215ff.

ders.: Deutsche Sprachgeschichte. Mit einer Einführung in die Fragen der
Sprachbetrachtung, 5. Aufl., Tübingen 1965.

ders.: Sprache - Freiheit oder Lenkung? Zum Verhältnis von Sprachnorm, Sprachwandel, Sprachpflege (= Duden-Beiträge 25), Mannheim 1967.

Müller-Marzohl, Alfons: Das schweizerische Wortgut im Jubiläums-Duden. In: Sprachspiegel 4, 1961, S. 97ff.; 5, S. 129ff.; 6, S. 162ff.; 1, 1962, S. 16ff.

Müller, Wolfgang: Die Sprachkartei als Grundlage für wissenschaftliche und sprachpflegerische Arbeit. In: Die wissenschaftliche Redaktion, Heft 2, Mannheim 1966.

Nordset, P.: Anmerkungen zur Rektion der deutschen Präpositionen in der neuesten deutschen Literatur, Oslo 1927.

Paul, Hermann (- Stolte, Heinz): Kurze deutsche Grammatik. Auf Grund der fünfbändigen deutschen Grammatik von H.P. eingerichtet von H.St. (= Slg. kurzer Grammatiken germ. Dialekte. A. Hauptreihe, Nr. 10), 2., verm. Aufl., Tübingen 1951.

Polenz, Peter von: Sprachkritik und Sprachwissenschaft. In: Neue Rundschau 74, 1963, S. 391ff.

ders.: Funktionsverben im heutigen Deutsch. In: Wirkendes Wort, Beiheft 5, Düsseldorf 1963.

ders.: Sprachnormung und Sprachentwicklung im neueren Deutsch. In: Der Deutschunterricht 4, 1964, S. 67ff.

Rupp, Heinz - Wiesmann, Louis: Gesetz und Freiheit in unserer Sprache (= Schriften des Deutschschweizerischen Sprachvereins 6), Frauenfeld 1970.

Saussure, Ferdinand de: Grundfragen der allgemeinen Sprachwissenschaft, hrsg. von Ch. Bally und A. Sechehaye unter Mitwirkung von A. Riedlinger übersetzt von Hermann Lommel, 2. Aufl. mit neuem Register und einem Nachwort von P. v. Polenz, Berlin 1967.

Schmidt, Wilhelm: Grundfragen der deutschen Grammatik. Eine Einführung in die funktionale Sprachlehre, 2. Aufl., (Ost-)Berlin 1966.

Schmitz, Werner: Der Gebrauch der deutschen Präpositionen, München 1961.

Sonderegger, Stefan: Die schweizerdeutsche Mundartforschung 1800-1959. Bibliographisches Handbuch mit Inhaltsangaben (= Beiträge zur schweizerdeutschen Mundartforschung 12), Frauenfeld 1962.

Sprache, Sprachgeschichte, Sprachpflege in der deutschen Schweiz, hrsg. vom Deutschschweizerischen Sprachverein, Zürich 1964.

Sprachnorm, Sprachpflege, Sprachkritik. Jahrbuch 1966/67 (= Sprache der Gegenwart. Schriften des Instituts für deutsche Sprache Mannheim 2), hrsg. von H. Moser u.a., Düsseldorf 1968.

Steger, Hugo: Sprachnorm, Grammatik und technische Welt. In: Sprache im technischen Zeitalter 3, 1962, S. 183ff.

Sternberg, Dolf: Gute Sprache und böse Sprache. In: Neue Rundschau 74, 1963,

S. 403ff.

Sternberger, Dolf - Storz, Gerhard - Süskind, W.E.: Aus dem Wörterbuch des Unmenschen, Hamburg 1957.

Sternberger, Dolf - Betz, Werner: Das heutige Deutsch - nachlässig, verräterisch oder einfach zeitgemäss? In: Zeitschrift für deutsche Sprache 23, 1967, S. 129ff.

Stickelberger, Heinrich: Schweizerhochdeutsch und reines Hochdeutsch, hrsg. im Auftrag des Deutschschweizerischen Sprachvereins, Zürich 1914.

Storz, Gerhard: Und dennoch Sprachrichtigkeit (= Duden-Beiträge 29), Mannheim 1966.

Tobler, Ludwig: Ueber die geschichtliche Gestaltung des Verhältnisses zwischen Schriftsprache und Mundart. Mit besonderer Rücksicht auf die Schweiz und die litterarische Anwendung der Mundart in neuerer Zeit. In: Kleine Schriften zur Volks- und Sprachkunde, hrsg. von J. Baechtold und A. Bachmann, Frauenfeld 1897.

Trümpy, Hans: Wir lernen Deutsch. Lehrgang der deutschen Schriftsprache für Sekundarschulen und Progymnasien, Zürich 1959.

Wallis, W. Allen - Roberts, Harry V.: Methoden der Statistik. Mit einem Vorwort von Rolf Wagenführ (= rororo-Handbuch 6091-6095), Reinbek bei Hamburg 1969.

Weisgerber, Leo: Die Sprachgemeinschaft als Ziel der Sprachpflege. In: Muttersprache 7, 1967, S. 1ff.

ders.: Wissenschaft und Sprachpflege. In: Muttersprache 10, 1968, S. 298ff.

Wustmann, Gustav: Allerhand Sprachdummheiten. Kleine deutsche Grammatik des Zweifelhaften, des Falschen und des Hässlichen, Leipzig 1891, von Werner Schulze erneuerte 12. Aufl., Berlin 1949, 13. Aufl. 1955.

Zinsli, Paul: Hochsprache und Mundarten in der deutschen Schweiz. In: Der Deutschunterricht 2, 1956, S. 61ff.

ders.: Vom Werden und Wesen der mehrsprachigen Schweiz. Rückblick und Ausblick (= Schriften des Deutschschweizerischen Sprachvereins 1), Bern o.J.

VORWORT

Es ist sicher übertrieben und wird der Wirklichkeit nicht gerecht, wenn manchmal behauptet wird, dass die deutsche Schriftsprache für den Durchschnittsschweizer eine Fremdsprache darstelle. Fremdsprache ist sie für ihn nicht, wohl aber eine f r e m d e Sprache, die er ungern in den Mund nimmt und der er sich - mangels einer eigenen schweizerdeutschen Schriftsprache - nach Möglichkeit nur im schriftlichen Verkehr bedient. Die Vorbehalte gegenüber der Schriftsprache sind hier tatsächlich grösser als in anderen Gegenden des deutschen Sprachgebiets, etwa in Norddeutschland. Das ist unverkennbar und hat seine Ursachen und seine Geschichte, vor allem seine Geschichte. Es sei kurz an den Widerstand erinnert, welcher dem Eindringen der Luthersprache im 16. Jahrhundert aus politischen und konfessionellen Gründen entgegengesetzt wurde. Und auch als man sich in Schaffhausen, Zürich, Bern und andernorts entschloss, dem frühen Beispiel Basels zu folgen und die neuhochdeutschen Zwielaute zu übernehmen, gab nicht die Luthersprache das Vorbild ab, sondern das Gemeinoberdeutsche, zum Teil auch das Westmitteldeutsche. In den folgenden Jahrhunderten freilich vollzog sich eine immer stärkere Angleichung an die ostmitteldeutsche Form der Schriftsprache, wobei der Wunsch, auch jenseits der Grenzen gehört und verstanden zu werden, eine wesentliche Rolle spielte (1).

Auch heute noch bestehen Unterschiede, die nicht zu übersehen sind. Es muss sich aber durchaus nicht immer um 'Relikte der Vergangenheit' handeln, vielfach macht sich darin auch der Einfluss der Mundart geltend, welche in der Schweiz eine starke Stellung behauptet und bei fast völligem Fehlen einer hoch(=schrift)sprachlich gefärbten Umgangssprache unmittelbar in Konkurrenz zur Schriftsprache tritt. Letzteres ist für die sprachliche Schichtung des Schweizerdeutschen sehr charakteristisch und bezeichnet einen deutlichen Unterschied zu den Verhältnissen, wie sie im Binnendeutschen bestehen. Ohne Bedenken wird die Mundart in Rundfunk und Fernsehen gebraucht, zwar nicht ausschliesslich, aber doch auf weite Strecken, so zum Beispiel bei wissenschaftlichen und politischen Diskussionen, bei Hör- und Fernsehspielen.

Es gibt freilich keine Anzeichen dafür, dass die Mundart auf dem Wege sei, sich zu einer Schriftsprache weiterzuentwickeln. Als Schriftsprache hält man an der neuhochdeutschen Einheitsprache auf ostmitteldeutscher Grundlage fest - auch wenn sie fremd anmutet und manche Probleme mit sich bringt. Zu diesen Problemen gehören unter anderem die Besonderheiten und Eigentümlichkeiten, durch welche sich die schweizerdeutsche Schriftsprache von der binnendeutschen abhebt. Ihre Erforschung beansprucht nicht nur ein theoretisches Interesse, sondern auch ein praktisches, da es sich hier um Grenz- und Unsicherheitszonen handelt, die der Grammatiker zwar liebt, die ihm aber auch von jeher viel zu schaffen machen. Zwei Fragen drängen sich ihm in unserem Fall immer wieder auf. Erstens: Wie sind die Besonderheiten auf methodisch sauberem Wege auszumachen? Und zweitens: Wie soll man sich ihnen gegenüber verhalten? Mit der zweiten Frage ist das Problem der sprachlichen Norm unmittelbar angesprochen. Die erste Frage aber ist schwieriger zu beantworten, als es zunächst scheinen mag: "Die Kriterien, sind nicht leicht zu finden; häufig gehen die Auffassungen der Schweizer selbst, was als Besonderheit der Schweizer Hochsprache und was als mundartlich zu gelten hat, auseinander, und ebenso unterscheiden sich oft die Urteile von Schweizern und Binnendeutschen, insofern die ersteren manches nicht als Schweizer Besonderheit empfinden, was den letzteren als solche auffällt (2)." Unsere Arbeit versucht, jedes nur subjektiv begründbare Urteil zu vermeiden und einen objektiven Vergleich zu ermöglichen, indem sie sich auf zwei Text-Korpora stützt und bei der Auswertung statistische Methoden bemüht. Auf die Erfassung a l l e r Besonderheiten wird von vorneherein verzichtet: das kann nur ein Fernziel sein, welches bei dem grossen Umfang des Materials wohl nur unter Einsatz von datenverarbeitenden Maschinen und in Zusammenarbeit mehrerer Institute zu erreichen ist. Ich könnte mir vorstellen, dass es einmal zu einem fruchtbaren Zusammenwirken des "Instituts für deutsche Sprache" in Mannheim und einem von Rudolf Schwarzenbach vorgeschlagenen "Institut für die deutsche Sprache in der Schweiz" käme (3). Das ist freilich noch Zukunftsmusik.

Arbeiten wie die vorliegende werden in der Erwartung begonnen, dass sich deutliche Unterschiede zeigen werden. Wir gestehen, dass die Ergebnisse nicht ganz dieser Erwartung entsprechen. Das beeinträchtigt aber unseres Erachtens kaum den Wert der Arbeit, und zwar aus folgenden Gründen: (1) Die Arbeit stellt für ein Teilgebiet der deutschen Gegenwartssprache eine zuverlässige Dokumentation bereit. Dokumentationen dieser Art erlauben in vielen Fällen erst ein sicheres Urteil; sie fehlen allenthalben. (2) Die Arbeit enthält viele statistische Einzelergebnisse für einen Bereich, der in dieser Weise bisher nicht oder doch kaum in Angriff genommen worden ist, nämlich den morphologischen. (3) Die Untersuchung leistet in methodischer Hinsicht Vorarbeiten: fast alle Untersuchungen, die in einem "Institut für die deutsche Sprache in der Schweiz" entstehen würden, hätten sich zunächst mit den gleichen methodischen Problemen zu beschäftigen wie unsere Untersuchung.

Die Arbeit geht in ihren Anfängen zurück auf eine Uebung, die ich zusammen mit Herrn Dr. P.A. Bloch im Proseminar (Winter-Semester 1967/68) durchgeführt habe. Die Texte, welche damals zugrundegelegt wurden und bei deren Auswahl die Herren Professoren E.E. Müller und H. Rupp beratend zur Seite standen, wurden noch einmal geprüft von den Herren cand. phil. R. Frei und O. Heyne. Sie haben auch das neue, wesentlich erweiterte Material exzerpiert; ihrer Hilfe verdanke ich viele wertvollen Anregungen und Hinweise. Weitere Belege sind mir vom Institut für deutsche Sprache Mannheim, Aussenstelle Bonn durch Herrn Dr. M. Hellmann zugekommen. Der "Fonds zur Förderung von Wissenschaft und Lehre" hat uns mit beträchtlichen Geldmitteln unterstützt. Allen, die hier genannt sind, gebührt herzlicher Dank, nicht zuletzt auch Herrn lic. rer. pol. A. Thommen (Institut für angewandte Wirtschaftsforschung und Rechenzentrum der Universität Basel), der mich in Fragen der Statistik beraten, und meiner Frau, die mir bei der Erstellung von Tabellen und Grafiken geholfen hat.

Basel, im Oktober 1970   H.G.

1. Einleitung

1.1 Sterbender Genitiv?

Man geht wohl nicht fehl in der Annahme, dass den meisten Baslern und - im weiteren - Schweizern nichts aufgefallen ist, als sie vor einiger Zeit in den "Basler Nachrichten" einen Artikel lesen konnten, aus dem hier ein Auszug wiedergegeben wird:

> "Roland hat den Autofimmel, er kann einfach nicht ohne 'Motor' leben. Das hat ihn schon oft mit dem Gesetz in Konflikt gebracht, sein Vorstrafenregister weist unzählige Eintragungen wegen Verkehrsdelikten auf. Der heute 34 Jahre alte Mann musste aber auch schon Freiheitsstrafen wegen anderer Delikte verbüssen; so wurde er 1967 zu acht Monaten wegen Vermögensdelikten bestraft... Roland kann nur wegen des versuchten Versicherungsbetrugs schuldig erklärt werden, denn nur wegen diesem Delikt wurde an Deutschland das Auslieferungsbegehren gestellt. Er wird zu einer unbedingten Gefängnisstrafe von acht Monaten verurteilt, die anderthalb Monate, die Roland in Hamburg auf die Auslieferung nach Basel warten musste, können an die Strafe nicht angerechnet werden ..." (Basler Nachrichten, Nr. 509, 2.12.1968, S. 3).

Wie gesagt, dem Basler wird bei der Lektüre dieses Artikels in sprachlicher Hinsicht nichts aufgefallen sein, was in seinem Ohr 'merkwürdig' oder 'anomal' klingen würde. Anders aber geht es dem Norddeutschen. Eine "unbedingte Gefängnisstrafe" - was ist das, wird er sich fragen, und dass die anderthalb Monate, die Roland in Hamburg warten musste, nicht "an die Strafe" angerechnet werden können, wird ihm auch komisch vorkommen, da die entsprechende Konstruktion nach seinem Sprachgefühl "etwas a u f eine Strafe anrechnen" lauten müsste. Aber damit nicht genug. In der Schule hat er gelernt, dass die Präposition wegen den Genitiv verlangt, hier aber tritt neben dem Genitiv auch der Dativ auf. Einerseits heisst es nämlich "wegen anderer Delikte", "wegen des versuchten Versicherungsbetrugs", andererseits aber auch "wegen Verkehrsdelikten", "wegen Vermögensdelikten", "wegen diesem Delikt". Zwar muss er, der Norddeutsche, von den drei zuletzt genannten Beispielen die beiden ersten als Sonderfälle gelten lassen, das dritte jedoch wird er als falsch beurteilen. Ueberdies wird er es dem Autor als Fahrlässigkeit und Inkonsequenz ankreiden, wenn dieser - auf engem Raum - einmal schreibt "wegen d e s versuchten Versicherungsbetrugs" und das andere Mal "wegen d i e s e m Delikt".

Wenn er freilich nicht so voreilig geurteilt, dafür aber die Duden-Grammatik in dieser Frage konsultiert hätte, wäre sein Urteil vorsichtiger ausgefallen. Die Duden-Grammatik schreibt nämlich in der Neuauflage, dass wegen zwar "hochsprachlich" den Genitiv regiert, dass daneben aber auch der Dativ vorkomme. Der Dativ sei allerdings "veraltet, umgangssprachlich oder landschaftlich". Mit "landschaftlich" ist nun auch die Schweiz gemeint. Als Beispiel bringt die Duden-Grammatik folgenden Dativ-Beleg von V. Brunner: "wegen einem Dorfbonzen" (4).

Damit ist der Fall sozusagen erledigt, wenigstens für die Duden-Grammatik, die hier nur in Stellvertretung für andere ähnliche Grammatiken genannt sei. Aber mindestens in einer Hinsicht kann dieser Fall nicht als erledigt gelten, nämlich hinsichtlich einer Frage, die sich so formulieren lässt: Ist der Genitiv die Regel und der Dativ die Ausnahme, oder gilt für die Schweiz das umgekehrte Verhältnis?

Diese Frage ist berechtigt, die Duden-Grammatik gibt nämlich keine klare Antwort darauf - braucht dies freilich auch nicht zu tun, da sie keine Regional-Grammatik sein will -, und unser oben angeführter Text weist ein Verhältnis von zwei zu drei zugunsten des Dativs auf. Dass dieser Text keine Ausnahme darstellt, lässt sich leicht durch weitere Beispiele belegen, die bei zufälliger Zeitungslektüre notiert worden sind. Zunächst einige weitere Belege für wegen mit Dativ:

National-Zeitung (Basel) (im folgenden = NZ), Nr. 551, 27.11.1968, S.17: wegen unerwartet grossem Andrang;

NZ, Nr. 543, 22.11.1968, S. 2: wegen irgendwelchen Gerüchten;

NZ, Nr. 485, 20.10.1968, S. 41: wegen ähnlichen Ursachen;

Sport (Zürich), Nr. 131, 28.10.1968, S. 1: Wegen der aussergewöhnlichen Vorzeichen und der besonderen Umstände, wegen ihrer Atmosphäre, ihrem speziellen lateinamerikanischen Image ein besonderes, durch das Drum und Dran und die vielen persönlichen Episoden und Abenteuer erhärtetes und vertieftes Erlebnis.

Aber nicht nur bei wegen, sondern auch bei anderen wichtigen Präpositionen wie etwa trotz und während lässt sich in der schweizerdeutschen Schriftsprache ein häufiger Gebrauch des Dativs feststellen. Auch dafür einige Belege, zunächst für während:

NZ, Nr. 238, 29.5.1969, S. 1: während ihrem Flug;

NZ, Nr. 274, 19.6.1969, S. 1: während den Einigungsverhandlungen;

NZ, Nr. 310, 10.7.1969, S. 14: während allen bemannten Flügen;

NZ, Nr. 317, 15.7.1969, S. 12: während den 17 Ausbildungswochen;

NZ, Nr. 430, 19.9.1969, S. 32: während den ersten Wochen der Generalversammlung.

Im Falle der Präposition während wertet die Duden-Grammatik den Dativ übrigens nur als "veraltet" und "umgangssprachlich" (5), es sei denn, dass es sich um mehrzahlige starke Substantive handle (Beispiel: während zehn Jahren). Als eine landschaftliche Besonderheit wird er hier also nicht betrachtet, ebensowenig wie der Dativgebrauch nach trotz. Im Hinblick auf trotz heisst es in der Duden-Grammatik lediglich, dass hier "heute der Genitiv durchgedrungen" und der Dativ "nicht sehr gebräuchlich" sei, jedoch gelegentlich noch vorkomme, und zwar unter folgenden Bedingungen:
(a) "wenn dem stark gebeugten singularischen Substantiv ein stark gebeugtes singularisches Substantiv vorausgeht: trotz Hansens zeitweiligem Widerstreben (F. Kafka)",

(b) "seltener, wenn dem stark gebeugten singularischen Substantiv, das von der Präposition abhängt, ein stark gebeugtes singularisches Substantiv folgt: trotz dem Rauschen des Meeres, häufiger der Genitiv: trotz des Zuspruchs des Offizialverteidigers (Jens)",
(c) "häufig bei alleinstehenden starken Substantiven in der Mehrzahl: trotz Atomkraftwerken (6)."

Dass in der schweizerischen Schriftsprache der Dativ besonders häufig sei, wird nicht als eine landschaftliche Besonderheit vermerkt. Dem Leser, und hier vor allem wieder dem norddeutschen, fällt aber gerade diese Erscheinung besonders auf, wenn er beispielsweise einen Blick in Basler Zeitungen wirft, und er wird geneigt sein, darin ein hervorstechendes Charakteristikum der Schweizer Schriftsprache zu sehen. An Belegen, die rein zufällig bei der Zeitungslektüre exzerpiert worden sind, fehlt es denn auch nicht:

NZ, Nr. 400, 30.8.1968, S. 3: trotz den Ausführungen des Papstes;

NZ, Nr. 439, 23.9.1968, S. 3: trotz diesem beschwörenden Appell;

NZ, Nr. 451, 30.11.1968, S. 24: trotz dem gewaltigen Propagandawirbel und dem von der Junta der Obersten verfügten Stimmzwang;

NZ, Nr. 461, 5./6.10.1968, S. 2: trotz allen Schönheitsfehlern;

NZ, Nr. 485, 20.10.1968, S. 44: trotz rotem Blinklicht;

NZ, Nr. 497, 27.10.1968, S. 3: trotz diesen Ergebnissen;

NZ, Nr. 502, 30.10.1968, S. 16: trotz ablehnendem Bescheid;

NZ, Nr. 521, 10.11.1968, S. 2: trotz allen Schwierigkeiten;

NZ, Nr. 589, 19.12.1968, S. 4: trotz dem negativen Bescheid;

NZ, Nr. 589, 19.12.1968, S. 4: trotz pfarrherrlichen Zweifeln und kirchenväterlichem Verbot;

NZ, Nr. 593, 22.12.1968, S. 26: trotz allen Konferenzen;

NZ, Nr. 543, 22.11.1968, S. 40: trotz allen gegenteiligen Behauptungen;

Basler Nachrichten (im fogenden = BN), Nr. 494, 22.11.1968: trotz etwas höheren Einnahmen;

BN, Nr. 510, 3.12.1968, S. 6: trotz ihrem beachtlichen Alter;

BN, Nr. 513, 4.12.1968, S. 5: trotz dem erheblichen Verschulden;

BN, Nr. 516, 6.12.1968, S. 1: trotz den drohenden Tönen;

BN, Nr. 83, 24.2.1969, S. 3: trotz verhangenem Himmel.

Der Eindruck, dass in der Schweiz nach den Präpositionen trotz, während und wegen - sie sind übrigens rein willkürlich ausgewählt worden: weil sie uns eben aufgefallen sind - häufig der Dativ gebraucht werde, vielleicht sogar häufiger als der von der normativen Grammatik vorgeschriebene Genitiv, ist also nicht von

der Hand zu weisen. Diesen Eindruck scheint auch "David", Verfasser von Sprach-
glossen, zu haben, führt er doch in den Basler Nachrichten, Nr. 125 vom 25. März
1969 unter der Ueberschrift "Sterbender Genitiv?" folgendes aus:

"Wenn Ihnen jemand schreibt, er habe 'während seinem Urlaub ein Chalet oberhalb Grindelwald bewohnt, aber wegen dem schlechten Wetter selten ausserhalb
dem Haus weilen können', so ist das sehr bedauerlich - doppelt so, weil er in
einem einzigen Satz vier Casus-Fehler begangen hat. Denn sowohl während als
auch oberhalb, wegen und ausserhalb regieren den Genitiv. Es muss also heissen:
während seines Urlaubs, oberhalb Grindelwalds, wegen des schlechten Wetters,
ausserhalb des Hauses.

Weil uns der Genitiv von der Mundart her weniger vertraut ist, treten solche
Fehler immer wieder auf. Reine Sprachschlamperei ist es, bei Titeln und festen
Begriffen das Genitiv-s einfach wegzulassen, wie das vielerorts Sitte geworden
ist: Die Aufführung des 'Schwanensee' (statt: Schwanensees), die Vertonung des
'Erlkönig' (statt:Erlkönigs), die Mitteilung des Automobilclub (statt: Automobil-
clubs), eine Nummer des 'Wiener Tageblatt' (statt: Tageblatts). Doppelt schlimm
ist das Vergehen, wenn der Genitiv überhaupt unterschlagen wird: In den Spalten
des 'Rheinischer Merkur', die Erstausgabe des 'Grüner Heinrich', die Geschwin-
digkeit des 'Roter Pfeil'.

Vermehrt muss man solchen verkrüppelten Formen in geschriebenen Texten begegnen, obschon niemand so spräche, es sei denn, er rede bereits so papieren,
wie er leider schreibt. Schon liest man da und dort 'des regnerischen Oktober',
'des vorigen Freitag'. Verzichten wir doch nicht leichtfertig auf die lebendige
Sprache und vielfältigen Möglichkeiten, die sie uns bietet, die Beziehungen zwischen den Wörtern auszudrücken! Ein weiteres Merkmal des allmählichen Ab-
sterbens des Genitivs ist die um sich greifende Unart, anstelle des Wesfalls ein
von zu setzen: dies ist ein Hauptwerk von Beethoven (statt Beethovens), das Haus
von meinem Onkel (statt meines Onkels), ein wichtiger Teil von Berlin (statt
Berlins; die von-Form ist nur dann berechtigt, wenn der zu beugende Name auf
s oder z endet: In den Strassen von Paris, ein Drama von Lenz).

Zwar sind andere Sprachen, wie das Französische und das Englische, mit der
Ersetzung des direkten Genitivs durch ein Verhältniswort (de, of) dem Deutschen
vorangegangen; aber ist das ein Grund, die schönen, lebendigen Formen unserer
Sprache absterben zu lassen? Uebrigens ist die Behauptung, wir besässen in
unserer Mundart keinen Genitiv, nicht ganz richtig. Was anderes als der Wes-
fall steckt denn in den Wendungen: Mach kai Wäses drus! - mit Schinders Gwalt
- I ha nit der Zyt - Me het s Deifels Dank?"

Ob nun das Wort vom "sterbenden Genitiv" berechtigt sei, wollen wir dahingestellt
sein lassen. Auch die Grundsätze, nach denen solche Art Sprachkritik vorgeht,
wollen wir nicht erörtern. Für uns ist diese Glosse nur in dem Sinne von Wert,
als durch sie unsere eigenen Beobachtungen sozusagen auch von Schweizer Warte
bestätigt werden und die folgende Untersuchung umso gerechtfertigter und dringen-
der erscheint. Die Frage ist nur, ob es sich um Rektionsunsicherheiten, um Feh-

ler also, handelt oder ob wir es hier mit ausgesprochenen Besonderheiten der schweizerdeutschen Schriftsprache zu tun haben.

1.2 Forschungsstand

Eine Untersuchung, wie sie uns im Hinblick auf die drei Präpositionen trotz, während und wegen vorschwebt, gibt es noch nicht. Ueberhaupt liegt die Erforschung der "Besonderheiten der deutschen Schriftsprache in der Schweiz", so der Titel einer kürzlich erschienenen Schrift von Stephan Kaiser, noch sehr im argen. Auf systematischer Grundlage ist sie noch kaum in Angriff genommen, wenn man von der erwähnten Schrift Kaisers absieht. Kaiser ist der erste, der den Versuch unternommen hat, die Besonderheiten der schweizerdeutschen Schriftsprache "in ihrer ganzen Weite" (7) zu erforschen. Nach seinen eigenen Worten stellt seine Arbeit "erstmals eine Aussage über die deutsche Schriftsprache in der Schweiz jenseits eines vornehmlich auf Erfahrung und Sprachgefühl gestützten Urteils auf einen statistisch sicheren Boden" (8). In der Tat hat Kaiser ein Material beigezogen, das - wenigstens auf den ersten Blick - durchaus "als hinreichende Voraussetzung einer solchen Untersuchung gelten" (9) kann: 9000 Textseiten und 800 Anzeigenseiten aus schweizerischen Zeitungen, die sich über das ganze deutsch-schweizerische Gebiet verteilen und in den Jahren 1952-55 und 1960-1965 erschienen sind.

Mit einer gewissen Spannung schlägt man die Arbeit von Kaiser auf, um zu erfahren, was er über trotz, während und wegen ausgemacht hat. Das Ergebnis mag überraschen: im Kapitel "Präpositionen" sind keine diesbezüglichen Besonderheiten aufgeführt. Lediglich zu während findet sich eine kurze Bemerkung über eine andere Konstruktionsweise (vgl. dazu u.S. 65). Heisst dies, dass unser Eindruck getrogen hat, dass die drei Präpositionen, was ihre Rektion betrifft, in der schweizerdeutschen Schriftsprache durchaus nicht vom binnendeutschen Sprachgebrauch abweichen? Es gibt freilich noch eine andere Erklärungsmöglichkeit, weshalb wir bei Kaiser keine weiteren Angaben finden, und damit kommen wir schon zur Kritik: Die Anlage seiner Arbeit hat es Kaiser nicht gestattet, über diese und ähnliche Erscheinungen eine sichere Aussage zu machen. Kaiser stützt sich nämlich auf eine Quellensammlung, die lediglich aus schweizerischen Texten besteht; er verzichtet darauf, binnendeutsche Texte zum Vergleich heranzuziehen. Das aber scheint uns unumgänglich zu sein. Kaisers Vergleichsbasis ist sein eigenes Sprachgefühl. Das Binnendeutsche ist bei ihm also nicht in Texten repräsentiert, sondern im Sprachgefühl eines einzigen Informanten, in diesem Fall des Untersuchenden selbst. Das aber lässt dem subjektiven, nicht weiter überprüfbaren Urteil einen weiten Spielraum und gestattet für gewisse Fragen sogar überhaupt kein Urteil. Dies können einmal Fragen sein, die für das Binnendeutsche weder vom eigenen Sprachgefühl noch von den einschlägigen Grammatiken und Untersuchungen beantwortet werden, die vielmehr erst auf Grund eigener Quellenstudien ihre Antwort finden; zum andern können dies Fragen sein, auf die es nicht ein klares Ja oder Nein gibt, sondern nur ein Sowohl-als-auch, wobei die Gewichte gleich oder auch ungleich verteilt sein können. Wir vermuten, dass die Kasusrektion der Präpositionen trotz, während und wegen einen solchen Fall darstellt, indem sowohl der Genitiv als auch der Dativ in der schweizerdeutschen Schriftsprache gewählt

18

wird, im Gegensatz - oder gar in Parallele? - zur binnendeutschen Schriftsprache. Um dies feststellen zu können, bedarf es aber einer vergleichenden Statistik, die auf einem binnendeutschen und einem schweizerdeutschen Korpus von Texten beruht. Das Sprachgefühl allein kommt hier über vage Impressionen nicht hinaus. Wir tun also gut daran, uns nicht auf die Arbeit von Kaiser zu verlassen, sondern eine eigene Untersuchung durchzuführen.

1.3 Methodische Ueberlegungen

Hier ist nun der Ort, einige methodische Ueberlegungen anzustellen, um die Art und Weise, wie wir bei unserer Untersuchung vorgehen wollen, näher zu erläutern und zu rechtfertigen. Im Grunde handelt es sich bei unserem Vorhaben um den Vergleich zweier Sprachsysteme, der binnendeutschen und der schweizerdeutschen Schriftsprache der Gegenwart. Wir gehen davon aus, dass die beiden Systeme in weiten Bereichen übereinstimmen, dass es aber auch bestimmte kleinere Bezirke gibt, in denen sie n i c h t übereinstimmen, in denen sie kontrastieren. Zu diesen Bezirken gehört die präpositionale Kasusrektion. Freilich ist das noch nicht erwiesen. Bislang liegen ja nur einzelne, unsystematische Beobachtungen vor, die nicht zu weiterreichenden Schlüssen berechtigen, wohl aber dazu, eine Ausgangshypothese aufzustellen, welche wir unserer Arbeit zugrundelegen. Das Untersuchungsergebnis wird diese Hypothese dann entweder verifizieren oder falsifizieren. Genau formuliert lautet sie: In der schweizerdeutschen Schriftsprache der Gegenwart ist nach den Präpositionen trotz, während und wegen der Dativ häufiger anzutreffen als in der binnendeutschen Schriftsprache. Ob es sich dabei um Rektionsunsicherheiten oder um schweizerdeutsche Besonderheiten handelt, hängt vom Ausmass des Dativgebrauchs ab.

Unsere Ausgangshypothese ist von der Art, dass sie nur mit den Mitteln der Statistik überprüft werden kann. Diese Prüfung wird sich in folgenden Schritten vollziehen (10):
(a) Wir legen die beiden zu vergleichenden Grundgesamtheiten (Populationen) fest und stellen eine Nullhypothese für die uns interessierenden Kennwerte auf.
(b) Wir entwerfen einen Stichprobenplan und ziehen eine Stichprobe.
(c) Wir prüfen, ob das Ergebnis der Stichprobe bei Gültigkeit der Nullhypothese noch mit genügend grosser Wahrscheinlichkeit auftreten kann. Wenn dies der Fall ist, wird die Nullhypothese als nicht widerlegt angesehen und deshalb angenommen. Ist dagegen die Wahrscheinlichkeit sehr klein, wird die Nullhypothese verworfen.

1.4 Grundgesamtheiten und Nullhypothese

Als die beiden Grundgesamtheiten, auf die unsere Untersuchung sich richtet, sind alle Belege für trotz, während und wegen anzusehen, die einmal in schweizerdeutschen (= Grundgesamtheit A), das andere Mal in binnendeutschen, d.h. in unserem Fall westdeutschen Zeugnissen der Schriftsprache begegnen (= Grundgesamtheit B). Alle Zeugnisse stammen aus der Zeit von 1945-69. Beide Grundgesamtheiten sind, wenn nicht theoretisch, so doch praktisch i n f i n i t, praktisch deshalb, weil eine Vollerhebung auf beinahe unüberwindbare Schwierigkeiten stossen würde, auch wenn sie keine oder nur geringe Rücksichten auf Kosten und Zeit zu nehmen brauchte. Eine Untersuchung wie die unsrige wird deshalb stets auf Stichproben angewiesen sein.

Unser Material berücksichtigt allerdings auch ostdeutsche und österreichische Texte. Das hat verschiedene Gründe, in der Hauptsache den, um für gewisse Fragen die Materialgrundlage zu vergrössern, dann aber auch den andern, um - und das gilt besonders für Oesterreich - die uns interessierenden Fragen an einem kleineren Material zu prüfen, das aus den beiden andern deutschsprachigen politischen Gebieten stammt. Es wäre ja nicht ausgeschlossen, dass auch hier bestimmte Besonderheiten sichtbar werden, die dann an einem grösseren Material weiter geprüft werden müssten. Unsere Tabellen werden entsprechend trennen und die beiden Grundgesamtheiten, auf die es uns ankommt, durch einen stärkeren Rand hervorheben.

Uns interessiert die Frage, wie gross in den beiden Grundgesamtheiten der Anteil derjenigen Fälle ist, in denen nach den genannten drei Präpositionen jeweils der Dativ gewählt worden ist. Der Anteil wird in Prozenten gemessen und stellt einen bestimmten Parameter dar, nämlich P_{pop}. Wir wollen nun die Anteile der beiden Populationen P_A und P_B nennen. Unsere Behauptung aber geht dahin, dass die Anteile gleich gross sind. Es gilt demnach $P_A = P_B$ beziehungsweise $P_A - P_B = 0$. Damit wäre die Nullhypothese formuliert. Wenn unsere Untersuchung diese Nullhypothese nicht bestätigt (falsifiziert), nehmen wir die Alternativhypothese an; sie besagt in unserem Fall, dass die betreffenden Parameter der beiden Populationen sich hinreichend unterscheiden.

Im übrigen - das mag noch zur Klärung des Problems dienen - handelt es sich bei unserem Problem um den Typ der homograden Fragestellung, nicht um den Typ der heterograden Fragestellung. Jedes Element der beiden Grundgesamtheiten hat nämlich ein und nur ein von k sich gegenseitig ausschliessenden qualitativen (und nicht quantitativen) Merkmalen E_1, E_2, ..., E_k. Die Frage lautet dann: Wie viele von sämtlichen N_A beziehungsweise N_B Elementen haben die Eigenschaft E_1, wie viele die Eigenschaft E_2 usw. Tatsächlich haben wir es ja mit mehreren Merkmalsausprägungen zu tun, mindestens mit zwei: Genitiv oder Dativ. Wir werden sehen, dass noch einige andere vorkommen (GD; N(D)A etc.; vgl. u. S. 36).

1.5 Stichprobenplan

Wie schon angedeutet, kommt eine Vollerhebung nicht in Frage. Also müssen wir uns mit Stichproben begnügen und dann verallgemeinernd von den Stichproben auf die Grundgesamtheiten schliessen (statistische Inferenz). Um aber von einer Stichprobe auf die Grundgesamtheit schliessen zu können, muss die Stichprobe repräsentativ sein, d.h. sie muss ein weitgehend strukturgleiches Modell der Grundgesamtheit darstellen.

Wir haben uns bemüht, sowohl für das binnen(=west)deutsche als auch für das schweizerdeutsche Sprachgebiet möglichst repräsentative Stichproben zu gewinnen, und zwar mit Hilfe des sogenannten geschichteten Auswahlverfahrens, bei dem aus der Grundgesamtheit zunächst Gruppen (oder Schichten) gebildet werden, "die hinsichtlich des befragungsrelevanten Merkmals homogener sind als die Grundgesamtheit" (11). Innerhalb dieser Gruppen beziehungsweise Schichten erfolgt die Auswahl dann nach dem Prinzip des Zufalls (Blindselektion).

In unserer Auswahl werden die genannten Gruppen oder Schichten repräsentiert durch die verschiedenen literarischen Gattungen (Erzählung, Zeitung/Zeitschrift, [populär-] wissenschaftliche Literatur, Drama, Verschiedenes) und Qualitätsschichten (Gehobene Literatur, Trivialliteratur, Kinderbuch). Wir sind uns bewusst, dass man unsere Auswahl sicherlich unter manchen Gesichtspunkten anfechten kann. Will man aber beim derzeitigen Stand der Forschung - es fehlen so gut wie alle Vorarbeiten zur Erstellung eines strukturgleichen Modells - nicht überhaupt auf eine solche Untersuchung verzichten, so ist Mut zum Risiko aufzubringen.

Folgende Texte wurden für die jeweilige Stichprobe ausgewertet (in Klammern der abgekürzte Titel):

A. Schweizerdeutsche Texte

Bichsel, Peter: Die Jahreszeiten, Neuwied/Berlin 1967 (= BICHSEL).

Bringolf, Walther: Mein Leben. Wege und Umwege eines Schweizer Sozialdemokraten (= Lizenzausgabe für Ex Libris), Bern/München 1965 (= BRINGOLF)

Der Freie Rätier. Freisinnige Tageszeitung für Graubünden. 51 Nummern aus der Zeit von Januar - März 1969; jeweils 1 Seite aus dem Innenteil (= RAETIER).

Der Oberthurgauer. Tageszeitung für die Kantone Thurgau und St. Gallen. 35 Nummern aus der Zeit von Januar - März 1969; jeweils 1 Seite aus dem Innenteil (= OBERTHURGAUER).

Dürrenmatt, Friedrich: Der Verdacht, 6. Aufl., Einsiedeln 1965 (= DUERREN-MATT, Verdacht).

ders.: Gesammelte Hörspiele, neue Aufl., Zürich 1964 (= DUERRENMATT, Hörspiele).

Frisch, Max: Stücke, 2 Bde., Frankfurt a.M. 1962 (= FRISCH, Stücke).

ders.: Mein Name sei Gantenbein, Frankfurt a.M. 1967 (= FRISCH, Gantenbein).

ders.: Die Chinesische Mauer (= edition suhrkamp 65), Frankfurt a.M. 1967 (= FRISCH, Mauer).

ders.: Oeffentlichkeit als Partner (= edition suhrkamp 209), Frankfurt a.M. 1967 (= FRISCH, Oeffentlichkeit).

Guggenheim, Kurt: Salz des Meeres und der Tränen (= Lizenzausgabe für Ex Libris), Zürich 1964 (= GUGGENHEIM).

Güttinger, Werner: Urs und sein Geheimnis. Die Geschichte einer Freundschaft, Zürich 1968 (= GUETTINGER).

Häsler, Alfred A.: Alle Macht hat ein Ende (= Lizenzausgabe für Ex Libris), Zürich o. J. (= HAESLER).

Hediger, Heini: Jagdzoologie auch für Nichtjäger. Begegnungen mit europäischen Wildtieren, 2. Aufl., Basel 1966 (= HEDIGER).

Kübler, Arnold: Oeppi der Narr, Zürich 1964 (= KUEBLER).

Leber, Hugo (Hrsg.): Texte. Prosa junger Schweizer Autoren (= Lizenzausgabe für Ex Libris), Einsiedeln/Zürich/Köln 1964 (= TEXTE).

Meyer, Alice: Anpassung oder Widerstand (= Lizenzausgabe für Ex Libris), Frauenfeld 1965 (= A. MEYER).

Meyer, Olga: Urs. Eine Geschichte aus den Bergen, Aarau/Frankfurt a.M. 1953 (= O. MEYER).

Müller, Elisabeth: Vreneli. Eine Geschichte für Kinder und alle, die sich mit Kindern freuen können, Bern 1948 (= MUELLER).

Muschg, Adolf: Im Sommer des Hasen (= Lizenzausgabe für Ex Libris), Zürich 1965 (= A. MUSCHG).

Muschg, Walter: Die Zerstörung der deutschen Literatur, 3. Aufl., Bern 1958 (= W. MUSCHG).

National-Zeitung (Basel). 48 Nummern (Morgen- und Abendblätter) vom Dezember 1967; jeweils 1. Seite und 1 Seite aus dem Innenteil (= NZ).

Neue Zürcher Zeitung. 67 Nummern vom Dezember 1967 (täglich 3 Ausgaben); jeweils 1. Seite und 1 Seite aus dem Innenteil (= NZZ).

Peter, Charlotte: Mr. Progress und das neue Babylon, Zürich 1959 (= PETER).

Portmann, Adolf: Die Tiergestalt. Studien über die Bedeutung der tierischen Erscheinung, 2. Aufl., Basel o.J. (1960) (= PORTMANN).

Schädelin, Klaus: Mein Name ist Eugen, 4. Aufl., Zürich 1956 (= SCHAEDELIN).

Schmidli, Werner: Meinetwegen soll es doch schneien, Zürich/Einsiedeln/Köln 1967 (= SCHMIDLI).

Senft, Fritz: Am Wendekreis (= Lizenzausgabe für Ex Libris), Frauenfeld 1963 (= SENFT).

Steiner, Jörg: Ein Messer für den ehrlichen Finder (= Lizenzausgabe für Ex Libris), Olten 1966 (= STEINER).

Streuli, Schaggi: Familie Heiri Aeppli, Wetzikon/Rüti 1960 (= STREULI).

Stucki, Lorenz: Brennpunkt Ostasien. Länder und Völker im Ringen um ihre politische, wirtschaftliche und soziale Modernisierung (= Lizenzausgabe für Ex Libris), Bern/München 1967 (= STUCKI).

Vaterland. Konservativ-christlich soziales Zentralorgan für die deutschsprachige Schweiz (Luzern). 23 Nummern vom Dezember 1967; jeweils 1. Seite und 1 Seite aus dem Innenteil (= VATERLAND).

Wehrli, Paul: Der Zigeuner im Ruhestand, Zürich 1962 (= WEHRLI).

Zwingli-Kalender 1967, herausgegeben von einem Kreis zürcherischer Pfarrer (= ZWINGLI-KALENDER).

B. Westdeutsche Texte

Adenauer, Konrad: Erinnerungen 1945-1953 (= Fischer Bücherei 798), Frankfurt a.M./Hamburg 1967 (= ADENAUER).

Adorno, Theodor W.: Jargon der Eigentlichkeit. Zur deutschen Ideologie (= edition suhrkamp 91), 3. Aufl., Frankfurt a.M. 1967 (= ADORNO).

Andersch, Alfred: Sansibar oder der letzte Grund (= Fischer Bücherei 354), Frankfurt a.M./Hamburg 1960 (= ANDERSCH).

Amber, Ute: Verborgene Träume (= Erika-Roman 770), Hamburg-Wandsbek 1963 (= AMBER).

Berg, Charlotte: Das Erbe der Schwestern Dorsten. Ein Herz spielt falsch (= Stella-Roman 116), Bergisch-Gladbach o.J. (1967) (= BERG).

Bergmann, Inge: Ich hab dir weh getan (= Sabina-Roman 291), Feuch o.J. (= BERGMANN).

Bloch, Ernst: Tübinger Einleitung in die Philosophie I (= edition suhrkamp 11), Frankfurt a.M. 1967 (= BLOCH).

Böll, Heinrich: Irisches Tagebuch (= dtv 1), 10. Aufl., München 1967 (= BOELL, Tagebuch).

ders.: Ansichten eines Clowns (= dtv 400), 3. Aufl., München 1967 (= BOELL, Ansichten).

ders.: Wanderer, kommst du nach Spa ... . Erzählungen (= dtv 437), München 1967 (= BOELL, Wanderer).

Die Welt (Hamburg). April 1967, jeweils 1. Seite und gegebenenfalls Fortsetzung auf den folgenden Seiten (= WELT).

Dorn, Ute: Die Stunde der Wahrheit (= Hallberg Arzt-Roman 240), Deilinghofen o.J. (1967) (= DORN).

Eich, Günter: Unter Wasser. - Böhmische Schneider (= edition suhrkamp 89), Frankfurt a.M. 1964 (= EICH).

Egglhofer, Xaver: Wenn böse Zungen reden ... . Monika erobert sich trotzdem ihr Glück (= Heimatglocken 528), Rastatt o.J. (= EGGLHOFER).

Enzensberger, Hans Magnus: Deutschland, Deutschland unter anderm (= edition suhrkamp 203), Frankfurt a.M. 1967 (= ENZENSBERGER).

Ernst, Hans: Glocken für den Brunnenhof (= Bastei Heimat-Roman 457) Bergisch Gladbach o.J. (1966) (= ERNST).

Frankfurter Allgemeine Zeitung. April 1967; jeweils 1. Seite und gegebenenfalls Fortsetzung auf den folgenden Seiten (= FAZ).

Grass, Günter: Die Blechtrommel, Neuwied/Berlin 1966 (= GRASS, Blechtrommel).

ders.: Hochwasser (= edition suhrkamp 40), Frankfurt a.M. 1967 (= GRASS, Hochwasser).

ders.: Katz und Maus (= rororo-Taschenbuch 572), Hamburg 1967 (= GRASS, Katz).

Grzimek, Bernhard: Wir Tiere sind ja gar nicht so! Erlebnisse und Erfahrungen, 3. Aufl., Stuttgart 1967 (= GRZIMEK).

Harms, Christel: Wenn die Herbstzeitlosen blühen (= Erika-Roman 740) Hamburg-Wandsbek 1963 (= HARMS).

Hagelstange, Rudolf: Spielball der Götter (= dtv 411), München 1967 (= HAGELSTANGE).

Hagen, Helga von: Ehe am Abgrund. Ein junges Glück zerbrach am Reichtum (= Florentine-Roman 689), Bergisch Gladbach o.J. (1967) (= VON HAGEN).

Hausmann, Manfred: Isabel. Geschichten um eine Mutter (= Das kleine Buch 56), Gütersloh 1953 (= HAUSMANN, Isabel).

ders.: Andreas. Geschichten um Martins Vater (= Das kleine Buch 100), Gütersloh 1957 (= HAUSMANN, Andreas).

Herzog, Claudia: Mein Kind gehört zu mir. Eine Aerztin kämpft um ihren Sohn (= Sabine-Arztroman 156), Köln 1966 (= HERZOG, Mein Kind).

dies.: Ich habe dir dein Kind gerettet (= Sabine-Arztroman 171), Köln 1967 (= HERZOG, Dein Kind).

Hildesheimer, Wolfgang: Herrn Walsers Raben. - Unter der Erde (= edition suhrkamp 77), Frankfurt a.M. 1964 (= HILDESHEIMER).

Hochhuth, Rolf: Soldaten. Nekrolog auf Genf (= Rowohlt Paperback 59), Hamburg 1967 (= HOCHHUTH).

Hoffmann, Friedrich: Was geht im Steinbruch vor? (= Goldmanns Taschen-KRIMI 1264), München 1963 (= HOFFMANN).

Jens, Walter: Deutsche Literatur der Gegenwart. Themen, Stile, Tendenzen (= dtv 172), 2. Aufl., München 1966 (= JENS).

Johnson, Uwe: Mutmassungen über Jakob (= Fischer Bücherei 457), Frankfurt a.M. 1959 (= JOHNSON).

Jungk, Robert: Die Zukunft hat schon begonnen (= rororo-Taschenbuch 558), Hamburg 1967 (= JUNGK).

Kaschnitz, Marie Luise: Lange Schatten. Erzählungen (= dtv 243), 3. Aufl., München 1967 (= KASCHNITZ)

Kästner, Erich: Notabene 45. Ein Tagebuch (= Fischer Bücherei 679), Frankfurt a.M./Hamburg 1966 (= KAESTNER).

Knorr, Helmut: Alipa der Kotokofischer, Stuttgart 1960 (= KNORR).

Lenz, Siegfried: So zärtlich war Suleyken (= Fischer Bücherei 312), Frankfurt a.M./Hamburg 1960 (= LENZ).

Mayer, Hans: Anmerkungen zu Brecht (= edition suhrkamp 143), Frankfurt a.M. 1965 (= MAYER).

Mitscherlich, Alexander: Die Unwirtlichkeit unserer Städte. Anstiftung zum Unfrieden (= edition suhrkamp 123), Frankfurt a.M. 1965 (= MITSCHERLICH).

Neuss, Wolfgang: Das jüngste Gerücht (= rororo-Taschenbuch 841), Hamburg 1965 (= NEUSS).

Nossack, Hans Erich: Der Neugierige (= edition suhrkamp 45), Frankfurt a.M. 1963 (= NOSSACK, Neugierige).

ders.: Die schwache Position der Literatur. Reden und Aufsätze (= edition suhrkamp 156), Frankfurt a.M. 1966 (= NOSSACK, Literatur).

Pinkwart, Heinz: Urlaub in Angst (= Goldmanns Taschen-KRIMI 2121), München 1965 (= PINKWART).

Perlhofer, Toni: Am Bergsee wartet das Glück (= Königin Liebes-Roman 174), Karlsruhe-Rüppurt o.J. (= PERLHOFER).

Riess, Curt: Gottlieb Duttweiler. Eine Biographie, 3. Aufl., Zürich 1965 (= RIESS).

Ritter, Joachim: Hegel und die französische Revolution (= edition suhrkamp 114), Frankfurt a.M. 1965 (= J. RITTER).

Ritter, Ina: Arme, schöne Grafentochter (= Florentine-Roman 661), Bergisch-Gladbach o.J. (1966) (= I. RITTER, Grafentochter).

dies.: Aus Gnade und Barmherzigkeit (= Stella-Roman 70), Bergisch Gladbach o.J. (1966) (= I. RITTER, Gnade).

Schelsky, Helmut: Soziologie der Sexualität. Ueber die Beziehungen zwischen Geschlecht, Moral und Gesellschaft (= rowohlts deutsche enzyklopädie 2), Hamburg 1955 (= SCHELSKY).

Schönfeldt, Gräfin Sybil: Das Kochbuch für die Frau vom dicken Mann (= rororo-Taschenbuch 798), Hamburg 1965 (= SCHOENFELDT).

Sieburg, Friedrich: Robespierre (= dtv 143), 2. Aufl., München 1965 (= SIEBURG).

Spoerl, Alexander: Memoiren eines mittelmässigen Schülers (= dtv 57), 11. Aufl., München 1967 (= SPOERL).

Szondi, Peter: Theorie des modernen Dramas (= edition suhrkamp 27), 4. Aufl., Frankfurt a.M. 1967 (= SZONDI).

Ullmann, Robert: Texas-Fehde (= Western-Express, Sonderband 3), Castrop-Rauxel o.J. (1964) (= ULLMANN).

Ulrich, Max: Cosa Nostra (= Goldmanns Taschen-KRIMI 2043), München 1964 (= ULRICH, Cosa Nostra).

ders.: Rache muss man kalt geniessen (= Goldmanns Taschen-KRIMI 2084), München 1964 (= ULRICH, Rache).

Ulrici, Rolf: Der Tote kommt am Donnerstag (= Goldmanns Taschen-KRIMI 1279), München 1964 (= ULRICI).

Walser, Martin: Der Schwarze Schwan (= edition suhrkamp 90), Frankfurt a.M. 1964 (= WALSER, Schwan).

ders.: Ehen in Philippsburg (= rororo-Taschenbuch 557), Hamburg 1967 (= WALSER, Ehen).

Weiss, Peter: Die Verfolgung und Ermordung Jean Paul Marats dargestellt durch die Schauspielgruppe des Hospizes zu Charenton unter Anleitung des Herrn Sade (= edition suhrkamp 68), Frankfurt a.M. 1964 (= WEISS, Marat).

ders.: Das Gespräch der drei Gehenden (= edition suhrkamp 7), Frankfurt a.M. 1965 (= WEISS, Gespräch).

Wolters, Rudolf: Der Einbruch in die Metropolbank (= Goldmanns Taschen-KRIMI 1163), München 1962 (= WOLTERS).

C. Ostdeutsche Texte

Becher, Johannes: Gerichtstag über sich selbst (= Reclams Universalbibliothek 2528-31), Leipzig o.J. (= BECHER).

Heimatkalender für den Kreis Prenzlau 1961. Herausgegeben vom Rat des Kreises Prenzlau, Abteilung Kultur in Verbindung mit dem deutschen Kulturbund (= KALENDER PRENZLAU).

Neues Deutschland (Ost-Berlin). Ca. 800 Artikel aus dem Jahrgang 1964 (= ND).

Rilla, Paul: Vom bürgerlichen zum sozialistischen Realismus (= Reclams Universalbibliothek 385), Leipzig 1967 (= RILLA).

Seghers, Anna: Das siebte Kreuz (= Reclams Universalbibliothek 7), 9. Aufl., Leipzig 1967 (= SEGHERS, Kreuz).

dies.: Die Kraft der Schwachen. Neun Erzählungen, Neuwied/Berlin 1966 (= SEGHERS, Kraft).

Strittmatter, Erwin: Tinko (= Reclams Universalbibliothek 190), 10. Aufl., Leipzig 1967 (= STRITTMATTER).

Wolf, Christa: Der geteilte Himmel (= Reclams Universalbibliothek 188), 3. Aufl., Leipzig 1966 (= WOLF).

D. Oesterreichische Texte

Die Furche. Unabhängige kulturpolitische Wochenzeitung. 19 Nummern aus der Zeit von Januar - Mai 1969; jeweils 1 Seite aus dem Innenteil (= FURCHE).

Doderer, Heimito von: Die Strudelhofstiege (= dtv 377/378), 2. Aufl., München 1967 (= DODERER).

Lernet-Holenia, Alexander: Theater, Wien/Hamburg 1965 (= LERNET-HOLENIA).

Lorenz, Konrad: Er redete mit dem Vieh, den Vögeln und den Fischen (= dtv 173), 10. Aufl., München 1967 (= LORENZ, Er redete).

ders.: So kam der Mensch auf den Hund (= dtv 329), 4. Aufl., München 1967 (= LORENZ, So kam).

Mack, Lorenz: Hiob und die Ratten, Zürich 1961 (= MACK).

Tumler, Franz: Das Tal von Lausa und Duron (= Insel-Bücherei 881), Frankfurt a.M. 1966 (= TUMLER).

Weigel, Hans: Lern dieses Volk der Hirten kennen (= dtv 363), 2. Aufl., München 1967 (= WEIGEL, Volk).

ders.: A propos Musik (= Lizenzausgabe für Ex Libris), Zürich o.J. (= WEIGEL, Musik).

Soweit die Texte, welche unserer Untersuchung als Quellen zugrundeliegen. Unter linguistischen Gesichtspunkten sind vielleicht noch einige Erläuterungen zu ihrer Auswahl dienlich.

(a) Zum Problem "Hochsprache"

Unsere Arbeit gilt der schweizerdeutschen und binnendeutschen Schrift- und damit Hochsprache. Was aber ist Hochsprache? Wo ist sie anzutreffen? Meines Erachtens kann und darf man nicht von vornherein festlegen, was hochsprachlich ist, und dabei eine bestimmte, etwa an der Sprache der Klassiker orientierte Vorstellung von Hochsprache zur Richtschnur machen. Das einzige zulässige Verfahren ist, wie mir scheint, das der Setzung, welches in der Weise vorgeht, dass es die Sprache, in der ein gegebener Text oder ein Korpus von Texten abgefasst ist, als Hochsprache 'ansetzt'. Dass dabei eine gewisse Willkür im Spiel ist, liegt auf der Hand. Sie lässt sich nicht vermeiden, sollte aber nach Möglichkeit weitgehend eingeschränkt werden, indem man bei der Auswahl der Texte strenge, objektive Massstäbe anlegt, anders gesagt: indem man genau festlegt, welche Merkmale ein Text aufweisen muss, damit er als hochsprachlich gelten kann. Solche Merkmale sind etwa:
(1) Der Text darf sich nicht nur an Leser/(Hörer) einer bestimmten örtlichen Region wenden.
(2) Er muss in dem Sinne allgemein verständlich sein, dass alle, 'die es angeht', ihn verstehen können.
(3) Der Text muss sich an die Oeffentlichkeit wenden.

(4) Für die Sprache des betreffenden Textes muss eine Schrift zur Verfügung stehen, die in einer gewissen Tradition ausgebildet und genormt worden ist. Mit andern Worten: Die Hochsprache soll eine Schreibsprache sein.
Hochsprachlich im Sinne dieser Merkmale, die übrigens keinen Anspruch auf Systematik und Vollständigkeit erheben, sind also zum Beispiel Zeitungen, Lehrbücher, Romane, Bühnenstücke (falls es sich nicht um Dialektstücke handelt).

(b) Zum Problem "Gegenwartssprache"

Die "Achse der Gleichzeitigkeit", von der de Saussure im Hinblick auf die synchronische Sprachforschung spricht (12), existiert nur als ideelles Postulat. Wir können nicht umhin, sie für die Wirklichkeit zu bestimmen, und dabei lässt sich wiederum eine gewisse Willkür nicht vermeiden. Soll "Gegenwart" ein bestimmter Augenblick, ein bestimmter Tag, ein Jahr oder gar eine Reihe von Jahren sein? Gesetzt den Fall, wir entscheiden uns für eine Reihe von Jahren, wo soll diese dann beginnen? Wo soll sie aufhören? Die Festsetzung, dass unter "Gegenwart" die Zeit von 1945 bis 1969 verstanden werden soll, kann man sicherlich mit guten Gründen tadeln. Wir rechtfertigen sie aber mit dem Hinweis auf das Ende des Zweiten Weltkrieges als den letzten tieferen Einschnitt in der neueren politischen Geschichte, der nicht zuletzt auch die kulturellen und sozialen Verhältnisse - dazu gehört ja auch die Sprache - betroffen hat.

(c) Zum Problem "Lyrik"

Wir haben die verschiedenen literarischen Gattungen berücksichtigt, eine allerdings ausgeschlossen, nämlich die Lyrik. Dies hat seinen Grund darin, dass die Lyrik in starkem Masse - stärker als etwa das Drama - Sonderbedingungen unterliegt.

(d) Zum Problem "Trivialliteratur"

Die Trivialliteratur macht einen grossen Teil der Druckerzeugnisse aus, die in der Hochsprache abgefasst sind. Es ist nicht zu übersehen, dass gerade von dieser Literatur starke Wirkungen auf die Sprache der Allgemeinheit ausgehen. Freilich genügt sie gewissen literarästhetischen Ansprüchen nicht. Sie aber nur deshalb als Quelle hochsprachlicher Untersuchungen auszuschliessen, ist nicht gerechtfertigt.

(e) Zum Problem "Binnendeutsch"

Wir identifizieren "Binnendeutsch" mit "Westdeutsch". Diese Identifikation dient als vorteilhafte, dabei nichts verfälschende Arbeitsgrundlage. Keinesfalls besagt sie zum vorhinein, dass Texte ostdeutscher Autoren nicht (mehr) zum Binnendeutschen zu rechnen seien. Die Scheidung Westdeutschland - Ostdeutschland geht eher auf den Zwang des Prinzips zurück, als dass wir irgendwelche 'ostdeutsche

Besonderheiten' hinsichtlich der Kasusrektion von trotz, während und wegen erwarten würden. Ausgeschlossen sind sie freilich nicht.

1.6 Umfang der Stichproben

Aus den oben angeführten Texten sind alle Belege für trotz, während und wegen exzerpiert worden, wobei unter Beleg jedes von den genannten Präpositionen abhängige Nomen verstanden wird. Bildungen wie meinetwegen, deswegen etc. zählen nicht dazu. Insgesamt wurden 4135 Belege erfasst, die sich wie folgt auf die einzelnen Präpositionen verteilen:

Tabelle 1

Präposition	Häufigkeit	
	Abs.	Rel.
trotz	1003	24,3%
während	1553	37,6%
wegen	1579	38,2%
Sa.	4135	100 %

Am häufigsten, und zwar ungefähr in gleichem Masse, treten während und wegen auf, trotz begegnet seltener.

Auf die einzelnen politischen Gebiete verteilen sich die Belege wie folgt:

Tabelle 2

Präposition	Schweiz		West-Dt.		Ost-Dt.		Oesterreich	
	Abs.	Rel.	Abs.	Rel.	Abs.	Rel.	Abs.	Rel.
trotz	445	23,3%	378	24,9%	71	25,9%	109	25,4%
während	745	39,0%	571	37,6%	69	25,2%	168	39,0%
wegen	721	37,7%	571	37,6%	134	48,9%	153	35,6%
Sa.	1911	100 %	1520	100 %	274	100 %	430	100 %

Ostdeutschland und Oesterreich sind also mit wesentlich kleineren Stichproben vertreten. Was aber an dieser Tabelle so sehr in die Augen sticht, ist die Tatsache, dass die Schweiz, West-Deutschland und Oesterreich jeweils fast die gleichen Prozentwerte für die einzelnen Präpositionen aufweisen. Figur 1 macht dies noch einmal anschaulich:

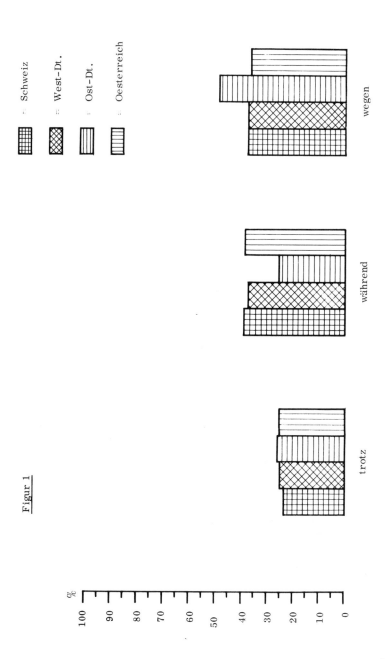

Figur 1

31

Lediglich Ostdeutschland zeigt eine grössere Abweichung, was dem kleineren Stichprobenumfang zuzuschreiben ist. Auch ohne dass wir den Chi-Quadrat-Test durchführen (vgl. u.S. 40), dürfen wir davon ausgehen, dass die vier Stichproben unter dem hier anvisierten Aspekt der gleichen Grundgesamtheit angehören.

1.7 Prüfung der Stichproben

Die Prüfung der Stichproben in dem oben (S. 19) angegebenen Sinn macht den Hauptteil unserer Untersuchung aus. Wir werden sie jeweils getrennt für die einzelnen Präpositionen vornehmen und dabei auch Fragen behandeln, die von Fall zu Fall auftreten. Zum Verständnis des Folgenden ist es nötig, noch einige Ausführungen über Kompositionstypen und Ueberlegungen zur Morphologie vorauszuschicken.

1.8 Kompositionstypen

Wir unterscheiden fünf Kompositionstypen, und zwar je nachdem, wie gross der Umfang einer präpositionalen Konstruktion ist. Dieser bemisst sich nach der Zahl der nominalen Elemente, soweit sie - zumindest ihrer Wortart nach grundsätzlich - einen Kasus anzeigen können und hinsichtlich ihrer Kasusprägung von der Präposition abhängig sind.

Der erste und einfachste Typ besteht aus /Präposition + Nomen/ (= Kompositionstyp I). Beispiele: während Jahren, wegen Diebstahl, trotz Hagel. Das Nomen kann ein Substantiv, ein (Eigen-)Name oder ein Pronomen sein.

Der zweite Typ setzt sich zusammen aus:

$$/\text{Präposition} + \left\{ \begin{array}{l} \text{Artikel} \\ \text{Pronomen} \\ \text{Numerale} \\ \text{Adjektiv} \end{array} \right\} + \text{Nomen}/$$

(= Kompositionstyp II). Die geschweifte Klammer deutet alternative Wahl an. Beispiele: während der Festspiele, wegen dieser Taten, trotz grosser Gewinne.

Der dritte Typ besteht aus folgenden Elementen:

$$/\text{Präposition} + \left\{ \begin{array}{l} \text{Artikel} \\ \text{Pronomen} \\ \text{Numerale} \\ \text{Adjektiv} \end{array} \right\} + \left\{ \begin{array}{l} \text{Artikel} \\ \text{Pronomen} \\ \text{Numerale} \\ \text{Adjektiv} \end{array} \right\} + \text{Nomen}/$$

(= Kompositionstyp III). Beispiele: während dieser schönen Tage, wegen der unheilvollen Nachrichten, trotz seiner schwachen Kräfte.

Der vierte Typ setzt sich zusammen aus:

$$/\text{Präposition} + \begin{Bmatrix} \text{Artikel} \\ \text{Pronomen} \\ \text{Numerale} \\ \text{Adjektiv} \end{Bmatrix} + \begin{Bmatrix} \text{Pronomen} \\ \text{Numerale} \\ \text{Adjektiv} \end{Bmatrix} + \begin{Bmatrix} \text{Pronomen} \\ \text{Numerale} \\ \text{Adjektiv} \end{Bmatrix} + \text{Nomen}/$$

(= Kompositionstyp IV). Beispiele: <u>während der schönen, langen Ferien</u>, <u>wegen dieser einen schweren Beschuldigung</u>, <u>trotz zahlreicher, unermüdlicher, mit Eifer vorgetragener Versuche</u>.

Der fünfte Typ besteht aus:

$$/\text{Präposition} + \begin{Bmatrix} \text{Artikel} \\ \text{Pronomen} \\ \text{Adjektiv} \end{Bmatrix} + \begin{Bmatrix} \text{Adjektiv} \\ \text{Numerale} \end{Bmatrix} + \begin{Bmatrix} \text{Adjektiv} \\ \text{Numerale} \end{Bmatrix} +$$

$$\begin{Bmatrix} \text{Adjektiv} \\ \text{Numerale} \end{Bmatrix} + \text{Nomen}/$$

(= Kompositionstyp V). Dieser Typ ist äusserst selten; auf Beispiele können wir darum verzichten. Grössere Typen kommen übrigens nicht vor.

Die Verteilung der Belege auf die vorgenannten Kompositionstypen dürfte von Interesse sein. Es ergibt sich folgendes Bild:

Tabelle 3

Kompositionstyp	während		wegen		trotz	
	Abs.	Rel.	Abs.	Rel.	Abs.	Rel.
I	94	6,1%	311	19,8%	197	19,6%
II	1048	67,5%	861	54,7%	477	47,6%
III	380	24,5%	350	22,2%	301	30,0%
IV	28	1,8%	46	2,9%	25	2,5%
V	2	0,1%	7	0,4%	3	0,3%
Sa.	1552	100,0%	1575	100,0%	1003	100,0%

Die Rangordnung der Kompositionstypen gemäss dem Anteil der Belege, die auf sie jeweils entfallen, ist bei allen drei Präpositionen gleich:

(1) Kompositionstyp II
(2) Kompositionstyp III
(3) Kompositionstyp I
(4) Kompositionstyp IV
(5) Kompositionstyp V

Am stärksten ist der 2-gliedrige Typ belegt, gefolgt vom 3-gliedrigen. Relativ stark ist auch der 1-gliedrige Typ vertreten, nämlich bei <u>wegen</u> und <u>trotz</u> mit je ca. 20%, bei <u>während</u> allerdings nur mit ca. 6% - in dieser Aufstellung der einzige grössere Unterschied zwischen den drei Präpositionen. Typ IV und erst recht Typ V fallen zahlenmässig kaum noch ins Gewicht.

1.9 Zur Morphologie

Bei dem - im Neuhochdeutschen sehr weit fortgeschrittenen - Kasussynkretismus ist von vornherein zu erwarten, dass im einzelnen Fall der Kasus nicht immer eindeutig zu bestimmen ist, eindeutig im Sinne von: die Interpretation lässt nur einen einzigen, ganz bestimmten Kasus (von vier möglichen) zu. Theoretisch sind im jeweiligen Fall 15 verschiedene Interpretationen möglich. Diese lassen sich in Form einer Matrix folgendermassen darstellen (wobei + und - eine positive beziehungsweise negative Kasus-Interpretation markieren):

Figur 2

Kasus		Eindeutige Fälle				Nicht-eindeutige Fälle										
		1	2	3	4	5	6	7	8	9	10	11	12	13	14	15
casus rectus	N	+	-	-	-	+	+	+	-	-	-	+	+	-	+	+
casus obliqui	G	-	+	-	-	+	-	-	+	+	-	+	+	+	-	+
	D	-	-	+	-	-	+	-	+	-	+	+	-	+	+	+
	A	-	-	-	+	-	-	+	-	+	+	-	+	+	+	+

Von diesen 15 Möglichkeiten scheiden freilich einige aus der Betrachtung aus, und zwar auf Grund der morphologischen Gegebenheiten. Diese Gegebenheiten stellen sich von Deklinationsart zu Deklinationsart, von Genus zu Genus, von Numerus zu Numerus und - nicht zuletzt - von Kompositionstyp zu Kompositionstyp anders dar. Beim Kompositionstyp I (Präposition + Nomen; Nomen ≠ Pronomen) zum Beispiel ist eine eindeutige Kasusentscheidung nur in folgenden Fällen möglich (13):
(a) Beim Nominativ Singular der Maskulina, soweit diese der schwachen Deklination angehören (gekennzeichnet durch das Fehlen der Endung <u>-en</u>).
(b) Beim Genitiv Singular der Maskulina und Neutra, soweit diese der starken oder gemischten Deklination angehören, und der (Eigen-)Namen (gekennzeichnet durch die Endung <u>-(e)s</u>).
(c) Beim Dativ Singular der Maskulina und Neutra, soweit diese der starken oder gemischten Deklination angehören (gekennzeichnet durch die Endung <u>-e</u>), jedoch

nicht in allen Fällen; auch kann das -e apokopiert werden, was sehr häufig vorkommt.

(d) Beim Dativ Plural der Maskulina, Neutra und Feminina, soweit diese der starken Deklination angehören (gekennzeichnet durch die Endung -(e)n), jedoch nicht in allen Fällen.

Figur 3 macht diese Verhältnisse anschaulich. Dunkle Schraffur eines Feldes bedeutet, dass in jedem Falle, helle Schraffur, dass nur in bestimmten Fällen eine eindeutige Kasus-Wahl möglich ist:

Figur 3

Deklinations-Art	Genus	Numerus	N (1)	G (2)	D (3)	A (4)
Stark	Maskulina	Singular		▨	////	
		Plural			////	
	Neutra	Singular		▨	////	
		Plural			////	
	Feminina	Singular				
		Plural			////	
Schwach	Maskulina	Singular	▨			
		Plural				
	Feminina	Singular				
		Plural				
Gemischt	Maskulina	Singular		▨	////	
		Plural				
	Neutra	Singular		▨	////	
		Plural				
(Eigen-)Namen	Maskulina	Singular		////		
	Neutra			////		
	Feminina			////		

Mithin sind bei diesem Kompositionstyp nur folgende Interpretationen möglich (vgl. dazu Figur 2):

(1a) Es liegt ein eindeutiger Nominativ (Singular) vor (= Fall 1).

(1b) Es liegt entweder Genitiv, Dativ oder Akkusativ (Singular) vor (= Fall 13).

(2a) Es liegt ein eindeutiger Genitiv (Singular) vor (= Fall 2).

(2b) Es liegt entweder Nominativ oder Akkusativ (Singular) vor, gegebenenfalls auch noch der Dativ (Singular) (= Fall 7 bzw. 14).

(3a) Es liegt ein eindeutiger Dativ (Singular) vor (= Fall 3).

(3b) Es liegt entweder ein Nominativ oder Akkusativ (Singular) vor (= Fall 7).

(4a) Es liegt ein eindeutiger Dativ (Plural) vor (= Fall 3).

(4b) Es liegt entweder ein Nominativ, Genitiv oder Akkusativ (Plural) vor (= Fall 12).

(5) Es liegt entweder ein Nominativ, Genitiv, Dativ oder Akkusativ (Singular oder Plural) vor (= Fall 15).

Bei anderen Kompositionstypen tritt daneben noch der Fall 8 (= Genitiv oder Dativ) auf. Es handelt sich hier um Feminina, bei denen formal nicht zu entscheiden ist, ob ein Genitiv oder Dativ vorliegt. Einige Beispiele: wegen der Hitze, trotz mangelhafter Ausbildung, während dieser Zeit.

Zu erwähnen ist auch noch der Fall 10 (= Dativ oder Akkusativ), welcher allerdings sehr selten vorkommt. Es handelt sich dabei um den Kompositionstyp I in der Form: /Präposition + Pronomen/. Beispiel: wegen uns.

Es ist also verständlich, warum in unseren Haupttabellen ausser zwei Spalten für "eindeutige Fälle" (nämlich Genitiv und Dativ) auch Spalten für "mehrdeutige Fälle" erscheinen, anders betrachtet: warum neben den Merkmalen "Genitiv" und "Dativ" noch andere Merkmale begegnen (vgl. dazu o.S. 20). Insgesamt sind es acht, für die wir in den Tabellen folgende Abkürzungen gewählt haben:

G   = Genitiv
D   = Dativ
GD   = Genitiv oder Dativ
N(D)A   = Nominativ (oder Dativ) oder Akkusativ
NGA   = Nominativ oder Genitiv oder Akkusativ
NGDA   = Nominativ oder Genitiv oder Dativ oder Akkusativ
DA   = Dativ oder Akkusativ

2. Hauptteil

2.1 Die Rektion von trotz

2.11 Ueberblick

Die Stichproben für trotz haben 1003 Belege erfasst. Nach ihren verschiedenen Kasusmerkmalen sortiert und ausgezählt ergeben sie folgende Tabelle:

Tabelle 4

Politisches Gebiet	Eindeutige Fälle				Nicht-eindeutige Fälle											Total	
	G		D		GD		N(D)A		NGA		NGDA		DA		Besonderes		
	Abs.	Rel.	Abs.	Rel.	Abs.	Rel.	Abs.	Rel.	Abs.	Rel.	Abs.	Rel.	Abs.	Rel.	Abs.	Rel.	Abs.	Rel.
Schweiz	96	21.6%	140	31.5%	164	36.9%	20	4.5%	2	0.5%	23	5.2%	–	–	–	–	445	100%
West-Deutschland	147	38.8%	60	15.9%	129	34.1%	24	6.4%	–	–	18	4.8%	–	–	–	–	378	100%
Ost-Deutschland	37	52.1%	10	14.1%	15	21.1%	2	2.8%	2	2.8%	5	7.0%	–	–	–	–	71	100%
Oesterreich	29	26.6%	25	22.9%	35	32.1%	13	11.9%	–	–	7	6.4%	–	–	–	–	109	100%
Sa.	309	30.8%	235	23.4%	343	34.2%	59	5.9%	4	0.5%	53	5.3%	–	–	–	–	1003	100%

Wenn wir das Gesamtergebnis aller vier Stichproben überblicken (vgl. letzte Zeile), so fällt auf, dass die Zahl der eindeutigen Fälle relativ klein ist, kleiner jedenfalls, als man erwartet haben mag. Sie umfasst nämlich nur etwas mehr als 50% der Belege (genau: 54,2%). Der Rest - das ist also beinahe die Hälfte - stellt mehrdeutige Fälle dar, und hier ist es vor allem der Fall 8 (= Genitiv oder Dativ), der mit 34,2% sehr stark hervortritt.

Einige Beispiele:

PETER 208 "trotz Sonnenbrille und Tropenhelm";
NZ, Nr. 601, 29.12.1967, S. 2 "trotz allen Unterschieden und Eigenarten";
HEDIGER 160 "trotz der durchdringenden Rufe";
SENFT 80 "trotz der vorgerückten Stunde";
A. MUSCHG 40 "trotz Mittagshitze";
NZZ, Nr. 5558, 27.12.1967, Bl. 3 "trotz den beträchtlichen Zuwendungen des Bundes";
GUGGENHEIM 116 "trotz der eiskalten Erstarrung";
ZWINGLI-KALENDER 74 "trotz Diplomatie und Agitation";
GRASS, Blechtrommel 562 "trotz des vollbesetzten Strassenbahnwagens";
SZONDI 80 "trotz ihrer formalistisch-konservativen Absicht";
JUNGK 162 "trotz aller Desillusion";
PINKWART 19 "trotz allen Beteuerungen";
ADENAUER 118 "trotz des sowjetrussischen Widerspruchs";
BECHER 299 "trotz allen zeitweiligen Verharrens";
WOLF 118 "trotz vieler blanker Geräte".

2.12 Prüfung der Nullhypothese

Wir wenden uns der Hauptfrage zu, ob nämlich die Stichproben für die Schweiz und für West-Deutschland ein verschiedenes Ergebnis gezeitigt haben. Anders und gezielter gefragt: Wird die Nullhypothese, dass der Dativ-Anteil in beiden Grundgesamtheiten gleich sei (P_A = P_B beziehungsweise P_A - P_B = 0), bestätigt? Wenn wir die betreffenden Prozentwerte miteinander vergleichen, müssen wir diese Frage verneinen. Das geometrische Bild der beiden Häufigkeitsverteilungen führt dies eindringlich vor Augen:

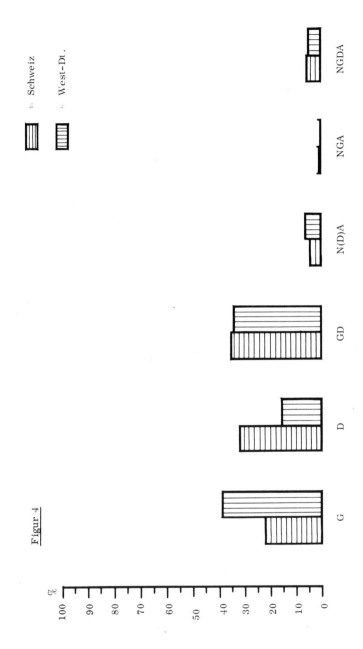

Figur 4

:: Schweiz

:: West-Dt.

%
100
90
80
70
60
50
40
30
20
10
0

G   D   GD   N(D)A   NGA   NGDA

Die grössten Differenzen ergeben sich beim Genitiv und Dativ, in den übrigen Fällen sind sie nicht so ausgeprägt. Offensichtlich aber geht der hohe Dativ-Anteil bei den schweizerdeutschen Belegen zu Lasten des Genitivs. Bei den westdeutschen Belegen ist es umgekehrt; hier drängt der Genitiv den Dativ zurück.

Freilich kann das Bild, welches sich uns hier bietet, täuschen. Differenzen sind nämlich bei derartigen Zufalls-Stichproben immer zu erwarten, auch wenn die Stichproben solchen Grundgesamtheiten entnommen wurden, welche in jeder oder mindestens in der speziellen Hinsicht gleich sind. Dass wir Differenzen zwischen schweizerischen und westdeutschen Werten festgestellt haben, will also noch nichts besagen. Die Frage lautet, ob diese Differenzen signifikant sind. Erst wenn wir gezeigt haben, dass die Differenzen - und im besonderen die Differenz zwischen den Dativ-Werten - so erheblich sind, dass sie mit einem sehr hohen Grad an Wahrscheinlichkeit nicht mehr dem Zufall zugeschrieben werden können, dürfen wir die Nullhypothese abweisen und die Alternativhypothese annehmen. Letztere lautet in unserem Fall: Es besteht in der von uns anvisierten Dimension ein signifikanter Unterschied zwischen der schweizerdeutschen und binnendeutschen Hochsprache.

Die Statistik gibt uns Verfahren an die Hand, mit deren Hilfe die Signifikanz von Unterschieden geprüft werden kann. Das erste Verfahren, der sogenannte Chi-Quadrat-Test, gestattet es, "Stichproben oder Populationen miteinander zu vergleichen" beziehungsweise "die Aehnlichkeit zweier empirischer Verteilungen untereinander zu messen" (14). Jedoch gibt die Chi-Quadrat-Methode "keinen Aufschluss über die Ursache und Auswirkungen des geprüften Zusammenhangs" (15). Im Falle, dass sich ein χ^2 ergibt, das bei Gültigkeit der Nullhypothese sehr unwahrscheinlich ist, haben wir deshalb zu prüfen, in welchem Punkt die beiden Verteilungen voneinander abweichen. Dabei werden wir - dies ist wohl das Nächstliegende - bei den Dativ-Werten ansetzen und die Signifikanz des Unterschieds zwischen den Dativ-Werten prüfen. Auch dafür stehen bestimmte Methoden zur Verfügung.

Zunächst also prüfen wir mit Hilfe des χ^2-Tests die Aehnlichkeit zwischen der schweizerdeutschen und westdeutschen Stichprobe. Die Berechnung von χ^2 nimmt einmal Bezug auf die beobachtete Verteilung, wie sie die folgende Tabelle noch einmal wiedergibt (vgl. dazu Tabelle 4):

Tabelle 5

	Schweiz	West-Deutschland	Zeilensumme
G	96	147	243
D	140	60	200
GD	164	129	293
N(D)A etc.	45	42	87
Spaltensumme	445	378	823

Zum andern nimmt die Berechnung von χ^2 Bezug auf die für den Fall der Nullhypothese erwartete Verteilung:

Tabelle 6

	Schweiz	West-Deutschland	Zeilensumme
G	131,4	111,6	243
D	108	91,9	200
GD	158,4	134,6	293
N(D)A etc.	47	40	87
Spaltensumme	445	378	823

Tabelle 7 enthält die weiteren Berechnungen:

Tabelle 7

Frequenzen der Tab. 5 minus der Frequenzen der Tab. 6		Differenzenquadrate		Differenzenquadrate dividiert durch die Frequenzen der Tab. 6	
- 35,4	35,4	1253,16	1253,16	9,50	11,20
32,0	- 31,9	1024,00	1017,61	9,50	11,10
5,6	5,6	31,36	31,36	0,19	0,23
- 2,0	2,0	4,00	4,00	0,09	0,10

$$19,28 \quad + \quad 22,63$$

Freiheitsgrade = 3 $$= 41,91$$

$p < 0,1\%$ $$\chi^2 = 41,91$$

Bei 3 Freiheitsgraden beträgt die Wahrscheinlichkeit $p = 0,1\%$, dass man zufällig ein $\chi^2 = 16,26$ oder grösser erhält (16). Bei $\chi^2 = 41,91$ oder mehr ist die Wahrscheinlichkeit noch wesentlich geringer $(p < 0,1\%)$. Der von uns gewonnene Wert beziehungsweise die Abweichungen von der versuchsweise eingesetzten hypothetischen Gleichverteilung können also nicht rein zufällig sein: Die Nullhypothese ist abzuweisen. Der Zusammenhang zwischen der Zugehörigkeit zu einem der beiden Sprachgebiete und der Kasuswahl ist damit im Falle der Präposition trotz auf dem 0,1%-Niveau als signifikant erwiesen.

41

Fragen wir also weiter, ob die Dativ-Werte für den eben erwiesenen Unterschied zwischen dem Schweizerdeutschen und dem Binnendeutschen verantwortlich sind. Um die Signifikanz des Unterschieds zwischen Prozentwerten zu ermitteln, berechnen wir den Standard-Wert, welcher der gegebenen Differenz 31,5 - 15,9 = 15,6% im Fall der Nullhypothese entspricht. Die Standardabweichung berechnet sich als

$$\sigma(P_1-P_2) = \sqrt{P_T \ (100-P_T) \ (\frac{1}{N_1} + \frac{1}{N_2})},$$

wobei P_T die Prozentzahl ist, "die man durch das Mitteln der Prozentwerte beider Stichproben erhält und die die bestmögliche Schätzung des Prozentwertes der Population repräsentiert" (17). In unserm Fall ist

$$\sigma(P_1-P_2) \approx 3,$$

und der Standardwert ist

$$z = \frac{P_1 - P_2}{\sigma(P_1-P_2)}$$

$$= \frac{15,6}{3}$$

$$= 5,2.$$

Die Wahrscheinlichkeit, dass z bei Gültigkeit der Nullhypothese grösser als +3 oder kleiner als -3 ist, beträgt p = 0,3% (18). Wir haben ein z von 5,2 erhalten, was bedeutet, dass die Nullhypothese abzuweisen ist. Der Unterschied zwischen den schweizerdeutschen und binnendeutschen Dativ-Werten ist auf dem 0,3%-Niveau signifikant und damit statistisch gesichert.

Wie oben (S. 40) schon bemerkt und an Figur 4 gut abzulesen ist, geht bei der schweizerdeutschen Stichprobe die Bevorzugung des Dativs einseitig zu Lasten des Genitivs. Bei der westdeutschen Stichprobe ist es umgekehrt. Dies ist der einzige Punkt, in dem sich die beiden Stichproben beziehungsweise Populationen unterscheiden (19). Im übrigen ergeben sich nämlich - das wird unten (S. 97) noch genauer gezeigt werden - keine Differenzen.

2.13 Rektionsentscheidende Faktoren

Wir haben festgestellt, dass im Schweizerdeutschen und Binnendeutschen bei den eindeutigen Fällen der Dativ beziehungsweise der Genitiv bevorzugt wird, wobei aber die jeweilige Minderheit relativ stark vertreten ist. Die Frage liegt nahe, ob dies Ausdruck einer nicht gefestigten Norm ist, die dem Schreiber eine mehr oder weniger freie Wahl gestattet, oder ob es bestimmte Faktoren gibt, welche seine Entscheidung beeinflussen. Wir wollen im folgenden die betreffenden Belege auf diese Frage hin prüfen und dabei so vorgehen, dass wir jeweils eine bestimmte Hypothese aufstellen und diese dann durch das Material entweder bestätigen oder verwerfen lassen.

1. Hypothese: Die Kasuswahl ist bedingt durch die Formelhaftigkeit bestimmter Wendungen.

Der Befund bestätigt diese Hypothese insofern, als schon bei einer flüchtigen Sichtung zu erkennen ist, dass die Verbindung trotz allem (alle dem, all dem) einen grossen Teil der Dativ-Belege ausmacht. Die folgende Tabelle gibt - unter Einbeziehung der ostdeutschen und österreischen Belege - genauere Auskunft:

Tabelle 8

Politisches Gebiet	Zahl der Dativ-Belege	Anteil von trotz allem	
		Abs.	Rel.
Schweiz	140	31	22,1%
West-Deutschland	60	27	45,0%
Ost-Deutschland	10	3	30,3%
Oesterreich	25	13	52,0%
Sa.	235	74	31,5%

Bei West-Deutschland ist es also beinahe die Hälfte aller Dativ-Belege, in denen trotz allem (alle dem, all dem) begegnet. Bei der Schweiz ist es dagegen nur etwas mehr als ein Fünftel. Das heisst also, dass bei West-Deutschland der Dativ in ca. 50% der Belege durch die Verbindung trotz allem (alle dem, all dem) erklärt wird, bei der Schweiz aber nur in ca. 20%, einem erheblich kleineren Teil also. Die absoluten Zahlen mögen freilich als klein und darum wenig verlässlich erscheinen, sie sind aber umso glaubwürdiger, als trotz allem (alle dem, all dem) am Gesamt der eindeutigen Fälle (also Genitiv- und Dativ-Belege zusammen) sowohl bei der Schweiz als auch bei West-Deutschland den gleichen Anteil, nämlich ca. 13%, hat. Das folgende Diagramm veranschaulicht diese Verhältnisse:

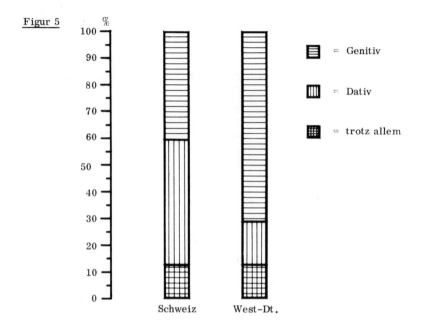

Figur 5

▤	=	Genitiv
▥	=	Dativ
▦	=	trotz allem

Schweiz   West-Dt.

Für das gesamte Material ergibt sich ebenfalls ein Wert, der zwischen 13 und 14% liegt.

Das Ergebnis dieser Untersuchung lässt sich dahingehend zusammenfassen, dass die Verbindung trotz allem (alle dem, all dem) in einem - beim schweizerdeutschen Material kleineren, beim westdeutschen grösseren- Teil der trotz-Belege den Dativ erklärt. Für den Rest der Belege gilt es nun, nach weiteren Faktoren zu suchen, welche die Wahl zwischen Genitiv und Dativ motivieren könnten. Allerdings haben wir dabei in Kauf zu nehmen, dass die (absoluten) Zahlen immer kleiner werden. Vielleicht sind aber auch ihnen wenigstens noch Hinweise abzugewinnen.

2. Hypothese: Die Kasuswahl ist beeinflusst durch den Numerus, etwa in dem Sinne, dass im Plural überwiegend oder gar ausschliesslich der Dativ gewählt wird.

Für die Schweizer Belege wird die 2. Hypothese nicht bestätigt, was die folgende Tabelle zeigt:

Tabelle 9

Kasus	Gesamt		Singular		Plural	
	Abs.	Rel.	Abs.	Rel.	Abs.	Rel.
Genitiv	96	46,8%	41	47,1%	55	46,6%
Dativ	109	53,2%	46	52,9%	63	53,4%
Sa.	205	100 %	87	100 %	118	100 %

44

Das Verhältnis zwischen Genitiv- und Dativ-Belegen ist fast gleich: 47,1% : 52,9% beim Singular und 46,6% : 53,4% beim Plural. Die Kategorie des Numerus nimmt offensichtlich also keinen Einfluss auf die Kasuswahl, jedenfalls nicht bei den Belegen aus der Schweiz. Bei West-Deutschland scheint allerdings eine gewisse Tendenz zu bestehen, den Dativ im Singular etwas mehr zu begünstigen als im Plural:

Tabelle 10

Kasus	Gesamt		Singular		Plural	
	Abs.	Rel.	Abs.	Rel.	Abs.	Rel.
Genitiv	147	81,7%	57	73,1%	90	90,0%
Dativ	33	18,3%	23	26,9%	10	10,0%
Sa.	180	100 %	80	100 %	100	100 %

Bei den Singular-Belegen weisen also ca. 27% den Dativ auf, bei den Plural-Belegen aber nur 10%.

3. Hypothese: Das Genus beeinflusst die Kasuswahl, etwa in dem Sinne, dass das Neutrum den Dativ verlangt, während beim Maskulinum und Femininum die Wahl zwischen Genitiv und Dativ frei ist.

Der Befund gibt keine sicheren Hinweise für die Richtigkeit dieser Hypothese. Zunächst der Befund für die Schweizer Belege:

Tabelle 11

Kasus	Gesamt		Maskulinum		Neutrum		Femininum	
	Abs.	Rel.	Abs.	Rel.	Abs.	Rel.	Abs.	Rel.
Genitiv	96	46,8%	44	49,5%	25	51,0%	27	40,3%
Dativ	109	53,2%	45	50,5%	24	49,0%	40	59,7%
Sa.	205	100 %	89	100 %	49	100 %	67	100 %

Während sich die Genitiv- und Dativ-Belege beim Maskulinum und Neutrum die Waage halten, hat der Dativ bei den Feminina ein Uebergewicht. Sichere Schlüsse sind aus den betreffenden Zahlen jedoch nicht abzuleiten (20).

Auch der Befund für West-Deutschland lässt einen Einfluss des Genus auf die Kasuswahl nicht erkennen:

Tabelle 12

Kasus	Gesamt		Maskulinum		Neutrum		Femininum	
	Abs.	Rel.	Abs.	Rel.	Abs.	Rel.	Abs.	Rel.
Genitiv (21)	145	81,4%	65	80,7%	36	75,0%	44	89,6%
Dativ	33	18,6%	16	19,3%	12	25,0%	5	10,4%
Sa.	178	100 %	81	100 %	48	100 %	49	100 %

Bemerkenswert ist an dieser Tabelle einzig, dass eine Tendenz, welche sich an der vorhergehenden Tabelle abzuzeichnen scheint, nicht bestätigt wird, indem der Dativ bei den Feminina hier kein Uebergewicht aufweist (22).

4. Hypothese: Wenngleich keine Hinweise vorliegen, dass ein Zusammenhang zwischen den E i n z e l -merkmalen "Numerus" und "Genus" auf der einen Seite und der Kasuswahl auf der andern Seite besteht, so ist damit ein solcher zwischen der Merkmalskombination "Numerus und Genus" und der Kasuswahl noch nicht ausgeschlossen. Die 4. Hypothese lautet darum: Die Merkmalskombination "Numerus und Genus" beeinflusst die Kasuswahl, etwa in dem Sinn, dass alle Belege, deren Nomina Pluralia u n d Neutra sind, ausschliesslich oder doch vorwiegend den Dativ aufweisen.

Auch diese Hypothese wird durch unser Material nicht bestätigt, weder für die Schweiz noch für West-Deutschland. Wir beschränken uns darauf, die Verteilung für die Schweiz wiederzugeben:

Tabelle 13

Kasus	Gesamt	Maskulinum		Neutrum		Femininum	
		Sg.	Pl.	Sg.	Pl.	Sg.	Pl.
Genitiv	96	23	21	18	7	0	27
Dativ	109	29	16	17	7	0	40
Sa.	205	52	37	35	14	0	67

Die Zahlen, obwohl verhältnismässig klein, weshalb wir auf die Ausrechnung der relativen Häufigkeiten verzichten, lassen im Sinne der Hypothese 4 keinen Zusammenhang zwischen Numerus/Genus und Kasuswahl erkennen. Der Chi-Quadrat-Test dürfte sich hier erübrigen (vgl. u. S. 79).

5. Hypothese: Diese Hypothese berücksichtigt den sogenannten 'Personalstil' und behauptet, dass die Wahl zwischen Genitiv und Dativ (auch) eine Frage des Personalstils sei.

In der Tat lässt sich bei den Schweizer Texten beobachten, dass gewisse Autoren (beziehungsweise Texte) eine Vorliebe für den Dativ haben, andere aber für den Genitiv. Da im allgemeinen die Zahl der auf die einzelnen Autoren (beziehungsweise Texte) entfallenden Belege sehr klein ist, geben wir keine vollständige Liste, sondern nur einige bezeichnende Beispiele. Zunächst für den Fall, dass der Dativ bevorzugt wird (in Klammern das absolute Verhältnis zwischen Genitiv und Dativ):

(1) NZZ (1:33)
(2) A. MUSCHG (1:7)
(3) BRINGOLF (7:16).

Dann einige Beispiele für den umgekehrten Fall, dass der Genitiv bevorzugt wird:

(1) GUGGENHEIM (4:0)
(2) FRISCH (6:0)
(3) SCHAEDELIN (7:0).

Schliesslich noch ein Beispiel für den Fall, dass Genitiv und Dativ ungefähr gleich häufig gewählt worden sind:

STUCKI (7:8).

Aehnliches ist bei den westdeutschen Texten zu beobachten, wenngleich nicht in so ausgeprägtem Masse.

6. Hypothese: Die 6. Hypothese unterstellt - auf Grund von Beobachtungen allerdings nur für das schweizerdeutsche Material -, dass der Kompositionstyp bei der Wahl zwischen Genitiv und Dativ eine Rolle spielt.

Die folgende Tabelle deutet an, dass der Kompositionstyp tatsächlich eine Rolle bei der Entscheidung zwischen Genitiv und Dativ spielt:

Tabelle 14

Kompositions-typ	Genitiv		Dativ		Gesamt	
	Abs.	Rel.	Abs.	Rel.	Abs.	Rel.
I	0	0 %	5	100 %	5	100 %
II	52	41,3%	74	58,7%	126	100 %
III	39	59,1%	27	40,9%	66	100 %
IV	5	62,5%	3	37,5%	8	100 %
V	0	0 %	0	0 %	0	0 %

Es fällt auf, dass der Anteil des Genitivs von Kompositionstyp zu Kompositionstyp zunimmt (0% - 41,3% - 59,1% - 62,5%), während der Anteil des Dativs im gleichen Masse abnimmt. Die Belegzahlen für die Kompositionstypen I und IV sind freilich viel zu klein, als dass sie einen tragfähigen Grund für sichere Schlüsse abgeben könnten. Dennoch zeichnet sich hier etwas ab, was uns bei den Präpositionen während und wegen wiederbegegnen wird: dass nämlich die Neigung, einen Dativ zu wählen, offenbar in dem Masse wächst, als die Zahl der Glieder, aus denen sich die einzelnen Kompositionstypen zusammensetzen, abnimmt, und dass umgekehrt die Neigung, einen Genitiv zu wählen, wächst, je mehr die Zahl der Kompositionsglieder zunimmt. Vgl. dazu u.S. 66 und 81.

Zusammenfassung: Die Frage, ob es Faktoren gibt, welche die Wahl zwischen eindeutigem Genitiv und eindeutigem Dativ bei trotz beeinflussen, ist also - aufs ganze gesehen - wie folgt zu beantworten. Drei Faktoren üben einen unverkennbaren Einfluss auf die Wahl aus, nämlich (a) der Umstand, dass es gewisse feste Wendungen gibt (trotz allem, alle dem, all dem), (b) der sogenannte Personalstil und (c) der Kompositionstyp. Hingegen üben die grammatischen Kategorien Numerus und Genus keinen Einfluss aus.

2.14 Mehrdeutige Fälle

Hinsichtlich der mehrdeutigen Fällen können sich natürlich - im Sinne unserer Ausgangshypothese (vgl. o.S. 19) - keine charakteristischen Verteilungen mehr ergeben. Gleichwohl wollen wir auch diese Fälle hier noch behandeln, sozusagen um ihres Eigenwertes und -gewichtes willen.

2.141 Genitiv oder Dativ

Die Zahl der Belege, in denen der jeweilige Kasus als Genitiv oder Dativ interpretiert werden kann, ist relativ hoch; sie macht, wie aus Tabelle 4 zu ersehen
ist, über ein Drittel aller auf <u>trotz</u> entfallenden Belege aus. Wir setzen den entsprechenden Ausschnitt aus der Tabelle 4 noch einmal hierher:

Tabelle 15

Politisches Gebiet	Gesamtzahl		GD	
	Abs.	Rel.	Abs.	Rel.
Schweiz	445	100%	164	36,9%
West-Deutschland	378	100%	129	34,1%
Ost-Deutschland	71	100%	15	21,1%
Oesterreich	109	100%	35	32,1%
Sa.	1003	100%	343	34,2%

Für die Schweiz ergibt sich also des näheren ein Wert von 36,9%, für West-
Deutschland ein Wert von 34,1%. Es handelt sich, wie oben (S. 36), schon einmal
angedeutet, ausnahmslos um Feminina Singularia, genauer: um diejenigen Feminina Singularia, die den Kompositionstypen II-IV, nicht aber dem Kompositionstyp I angehören. Die entsprechende Verteilung sieht folgendermassen aus:

Tabelle 16

Kompositions-typ	Zahl der GD-Belege	
	Abs.	Rel.
I	0	0 %
II	214	62,4%
III	118	34,4%
IV	11	3,2%
V	0	0 %
Sa.	343	100 %

Das Verhältnis zwischen den Belegen, die jeweils auf die Kompositionstypen II-IV entfallen, entspricht im grossen und ganzen den Verhältnissen, wie sie in Tabelle 3 (o.S. 33) auftreten. Im übrigen sind mit dem hier in Rede stehenden Fall keine besonderen Probleme verbunden. Wir können uns also damit begnügen, ihn abschliessend in einigen Beispielen vorzustellen:

SEGHERS, Kreuz 251 "trotz aller Vorsicht";
DODERER 695 "trotz der keineswegs sehr vorgerückten Stunde";
SPOERL 55 "trotz unserer fortgeschrittenen Reife";
SCHOENFELDT 53 "trotz grösster Bemühung und Aufklärung";
VATERLAND, Nr. 290, 15.12.1967, S. 13 "trotz einer gewissen Trennung";
FURCHE, Nr. 21, 24.5.1969, S. 5 "trotz wachsender Konkurrenz";
MACK 119 "trotz der hohen Temperatur";
GRZIMEK 128 "trotz seiner Kleinheit";
SCHELSKY 14 "trotz der Verdichtung";
STREULI 136 "trotz der unbegreiflichen Selbstanklage";
AMBER 34 "trotz der Erntezeit".

2.142 Casus rectus

Schliesslich wenden wir uns jenen Belegen zu, die in jedem Fall - neben der Interpretation als Akkusativ und gegebenenfalls als Dativ oder Genitiv - als Nominativ (= casus rectus) zu interpretieren sind. Sie machen, wie aus Tabelle 4 (o.S. 37) hervorgeht, zusammen immerhin über 10% aller Belege aus. Wir setzen den betreffenden Ausschnitt aus Tabelle 4 noch einmal hierher:

Tabelle 17

Politisches Gebiet	Gesamt		N(D)A		NGA		NGDA	
	Abs.	Rel.	Abs.	Rel.	Abs.	Rel.	Abs.	Rel.
Schweiz	445	100%	20	4,5%	2	0,5%	23	5,2%
West-Deutschl.	378	100%	24	6,4%	0	0 %	18	4,8%
Ost-Deutschland	71	100%	2	2,8%	2	2,8%	5	7,0%
Oesterreich	109	100%	13	11,9%	0	0 %	7	6,4%
Sa.	1003	100%	59	5,9%	4	0,5%	53	5,3%

Einige Beispiele:

KAESTNER 133 "trotz Feld, Wald und Wiese";
GRASS, Blechtrommel 498 "trotz Buckel und Wasserkopf";
Ebda. 708 "trotz Liebespaar über mir und Frau mit Hut unter mir";

NZZ, Nr. 5461, 18.12.1967, Bl. 6 "trotz Entzug des Führerausweises";
NOSSACK, Literatur 164 "trotz Wohlfahrt";
VATERLAND, Nr. 285, 9.12.1967, S. 26 "trotz Gegenverkehr";
FURCHE, Nr. 10, 8.3.1969, S. 4 "trotz Klarheit";
SEGHERS, Kraft 95 "trotz Sperre";
SEGHERS, Kreuz 46 "trotz Laternen und Menschen";
GRZIMEK 111 "trotz Flammenglut";
LERNET-HOLENIA 45 "trotz mancherlei Differenzen".

Im folgenden seien einige Charakteristika dieser Fälle hervorgehoben. Das erste
Charakteristikum betrifft das Merkmal "Kompositionstyp". Unter diesem Gesichtspunkt ergibt sich folgende Verteilung:

Tabelle 18

Kompositionstyp	Gesamt	N(D)A	NGA	NGDA
I	114	59	3	52
II	2	0	1	1
III	0	0	0	0
IV	0	0	0	0
V	0	0	0	0
Sa.	116	59	4	53

Die Tabelle zeigt, dass alle Belege - von zwei Ausnahmen abgesehen (trotz mancherlei Differenzen; trotz mancherlei Fehlschläge) - auf den Kompositionstyp I
entfallen. Mit andern Worten: Die mehrdeutigen Fälle, also die GD-Belege auf der
einen Seite und die N(D)A-, NGA- und NGDA-Belege auf der andern Seite, sind
durch das Merkmal "Kompositionstyp" insofern geschieden, als die erste Gruppe
(= GD-Belege) n i c h t , die zweite Gruppe aber n u r dem Kompositionstyp I angehört, wenn man von den beiden Ausnahmen absieht.

Weitere charakteristische Verteilungen ergeben sich hinsichtlich Numerus und
Genus. Zunächst der Numerus:

Tabelle 19

Kasus	Gesamt		Singular		Plural	
	Abs.	Rel.	Abs.	Rel.	Abs.	Rel.
N(D)A	59	100%	59	100%	0	0%
NGA	4	100%	0	0%	4	100%
NGDA	53	100%	40	75,5%	13	24,5%
Sa.	116	100%	99	88,8%	17	11,2%

Von den insgesamt 116 Belegen enthalten 99 (= 88,8%) ein Singulare und nur 17 (= 11,2%) ein Plurale. Im einzelnen enthält die N(D)A-Gruppe nur Singularia, die NGA-Gruppe nur Pluralia (allerdings bei nur 4 Belegen), und die NGDA-Gruppe enthält überwiegend Singularia (absolutes Verhältnis: 40:13).

Hinsichtlich des Merkmals "Genus" ergibt sich folgende Verteilung:

Tabelle 20

Kasus	Gesamt		Maskulinum		Neutrum		Femininum	
	Abs.	Rel.	Abs.	Rel.	Abs.	Rel.	Abs.	Rel.
N(D)A	59	100%	45	76,3%	13	22,0%	1	1,7%
NGA	4	100%	3	75,0%	1	25,0%	0	0 %
NGDA	53	100%	5	9,4%	0	0 %	48	90,6%
Sa.	116	100%	53	45,7%	14	12,1%	49	42,2%

Auffällig an dieser Tabelle ist, dass einmal die Maskulina und Feminina überwiegen, dass aber zum andern die Maskulina und Neutra grösstenteils der N(D)A-Gruppe angehören, während die Feminina fast ausschliesslich - bei einer Ausnahme - zur NGDA-Gruppe gehören. Wenn man die Tabelle anders liest, nämlich horizontal statt vertikal, dann lässt sie erkennen, dass die N(D)A- und NGA-Gruppe bis auf eine Ausnahme nur Maskulina und Neutra enthält, die NGDA-Gruppe dagegen fast ausschliesslich Feminina.

Die Verteilungen, wie sie an der vorstehenden Tabelle abgelesen werden können, sind freilich in gewisser Weise auch morphologisch bedingt. Vorab kommt ja die Scheidung in die drei Gruppen N(D)A, NGA und NGDA nur dadurch zustande, dass der casus rectus mit anderen Kasus (= casus obliqui) identisch ist: einmal mit dem Dativ und Akkusativ, das andere Mal mit dem Genitiv und Akkusativ, ein drittes Mal schliesslich mit dem Genitiv, Dativ und Akkusativ. Diese Verschiedenheit aber ist begründet durch die Verschiedenheit der Deklinationsarten, denen die einzelnen Substantive folgen. Dass dann im weiteren zum Beispiel die Feminina fast ausschliesslich - bei nur einer Ausnahme - zur NGDA-Gruppe gehören, kann bei ihrer Deklinationsart gar nicht anders sein. Als eigentliche, d.h. nicht durch das morphologische System bedingte Charakteristika der hier in Rede stehenden Fälle können darum nur gelten: (a) die Zugehörigkeit zum Kompositionstyp I, (b) das Ueberwiegen der Singularia und (c) das Ueberwiegen der Maskulina und Feminina.

2.15 Die Kasuswahl beim Kompositionstyp I

Wir haben gesehen, dass die zweite Gruppe der mehrdeutigen Fälle bis auf zwei Ausnahmen ganz dem Kompositionstyp I angehört. Es erhebt sich nun zwangsläufig die Frage, ob diese Gruppen miteinander identisch sind, so dass die Frage nach der Kasuswahl im Kompositionstyp I schon als geklärt gelten könnte: es wäre stets der casus rectus gewählt worden. Eine solche Aussage ist jedoch nicht ohne weitere Prüfung gestattet. Diese Prüfung wollen wir darum jetzt vornehmen. Wir haben dabei von jener Gruppe von Belegen auszugehen, die durch das Merkmal "Kompositionstyp I" ausgezeichnet ist, und stellen an sie die Frage, welcher Kasus hier jeweils gewählt worden ist. Da wir schon wissen, dass in vielen Fällen der casus rectus gewählt worden ist, spitzt sich diese Frage zu jener anderen, konkreteren Frage zu, nämlich: wie sieht das Verhältnis zwischen casus rectus und casus obliquus (= Genitiv oder Dativ) aus, und zwar in den Fällen, wo eine diesbezügliche Wahlmöglichkeit auch wirklich besteht?

Die folgende Tabelle schlüsselt die einzelnen Nomina nach Deklinationsart (vgl. dazu o.S. 35), Genus und Numerus auf und gibt dann an, welcher Kasus innerhalb der so gewonnenen Gruppen gewählt worden ist. Um kenntlich zu machen, wo gemäss den morphologischen Gegebenheiten im einzelnen eine eindeutige Kasuswahl möglich ist, sind die entsprechenden Felder wieder schraffiert worden: dunkle Schraffur bedeutet, dass in jedem Falle, helle Schraffur, dass nur in bestimmten Fällen eine eindeutige Kasuswahl möglich ist:

Tabelle 21

Deklinationsart	Genus	Numerus	Ges.-zahl	N (1)	G (2)	D (3)	A (4)	N(D)A (7.14)	NGA (12)	NGDA (15)
Stark	Mask.	Sg.	36		⊬	//		36		
		Pl.	6			4′			2	
	Neutr.	Sg.	11		⊬2	//		9		
		Pl.	1			//			1	
	Fem.	Sg.	1							1
		Pl.	0			//				
Schwach	Mask.	Sg.	0	⊬						
		Pl.	1							1
	Fem.	Sg.	37							37
		Pl.	9							9
Gemischt	Mask.	Sg.	0		⊬	//				
		Pl.	2							2
	Neutr.	Sg.	1		⊬	//		1		
		Pl.	0							
(Eigen-)Namen	Mask.	Sg.	11		//			9	2	
	Neutr.		2		//			2		
	Fem.		1		//			1		
Uebrige			4		2	1		1		
		Sa.	123	0	4	5	0	59	3	52

Aus dieser Tabelle geht folgendes hervor:
(1) Von insgesamt 47 (= 36+11) Belegen, deren Nomina stark dekliniert werden, dem Genus nach Maskulina oder Neutra sind und im Singular stehen, weisen nur 2 das Genitiv-s auf.
(2) Von insgesamt 7 (= 6+1) Belegen, deren Nomina der starken Deklination angehören, dem Genus nach Maskulina oder Neutra sind und im Plural stehen, haben 4 das Dativ-(e)n und 3 (= 2+1) nicht.
(3) Bei einem einzigen Beleg, dessen Nomen stark dekliniert wird, dem Genus nach ein Femininum ist und im Singular steht, ist eine - mehr oder weniger eindeutige - Kasus-Entscheidung nicht möglich.
(4) Bei den Belegen, deren Nomina schwach oder gemischt dekliniert werden, insgesamt 50 (= 1+37+9+2+1), hätte nur in einem einzigen Fall die Möglichkeit be-

standen, den Genitiv eindeutig zu kennzeichnen; sie wird nicht genutzt. In allen andern Fällen lauten die vier Kasus gleich, so dass keine Wahlmöglichkeit besteht. Dabei handelt es sich vor allem um Feminina.

(5) Es treten 14 Eigennamen auf. In 12 (= 9+2+1) Fällen wäre das Genitiv-s an sich möglich, wird aber nicht gesetzt. Bei den andern 2 Fällen handelt es sich um Namen, die auf dentale Spirans enden.

(6) 4 Belege lassen sich auf Grund der betreffenden Deklinationsart nicht einordnen, ohne dass die Tabelle über Gebühr erweitert würde. Es handelt sich um ein substantiviertes Adjektiv, um ein Fremdwort (Theologiestudium) und zwei Pronomina (NOSSACK, Literatur 91 trotz ihrer [sc. der Zeit] ; DODERER 425 trotz deren [sc. der Vorsicht]).

Zusammenfassend lässt sich sagen, dass in 71 (= 4+5+59+3) Belegen von insgesamt 123 (= 57,7%) eine eindeutige Kasuskennzeichnung möglich gewesen wäre, dass aber nur in 9 (= 4+5) Fällen von dieser Möglichkeit Gebrauch gemacht wird. Dabei ergeben sich im einzelnen folgende Verhältnisse:

(a) 4 Fällen mit eindeutigem Genitiv stehen 59 Fälle gegenüber, in denen der Genitiv n i c h t gewählt worden ist. Dieses eindeutige Verhältnis gestattet den Schluss, dass hier der casus rectus die Regel ist.

(b) Bei jenen Fällen, in denen ein eindeutiger Dativ möglich ist, ergibt sich folgendes Verhältnis: 5 Fällen mit Dativ stehen 3 Fälle im casus rectus gegenüber. Dieses Verhältnis ist nicht so ausgeprägt, als dass ein sicherer Schluss gestattet wäre; auch ist die Zahl der Belege dafür zu klein.

Damit ist die oben (S. 53) aufgeworfene Frage nach dem Verhältnis von casus rectus und casus obliquus beim Kompositionstyp I beantwortet.

2.2 Die Rektion von während

2.21 Ueberblick

Die Kasuswahl bei der Präposition während stellt folgende Tabelle im Ueberblick dar:

Tabelle 22

Politisches Gebiet	Eindeutige Fälle				Nicht-eindeutige Fälle													Total	
	G		D		GD		N(D)A		NGA		NGDA		DA		Besonderes					
	Abs.	Rel.	Abs.	Rel.	Abs.	Rel.	Abs.	Rel.	Abs.	Rel.	Abs.	Rel.	Abs.	Rel.	Abs.	Rel.			Abs.	Rel.
Schweiz	295	39.5%	148	19.8%	281	37.7%	–	–	1	0.1%	19	2.5%	–	–	1	0.1%			745	100%
West-Deutschland	317	55.5%	5	0.9%	238	41.7%	1	0.2%	–	–	9	1.6%	–	–	1	0.2%			571	100%
Ost-Deutschland	31	44.9%	–	–	38	55.1%	–	–	–	–	–	–	–	–	–	–			69	100%
Oesterreich	99	58.9%	5	3.0%	59	35.1%	2	1.2%	–	–	3	1.8%	–	–	–	–			168	100%
Sa.	742	47.8%	158	10.2%	616	39.7%	3	0.2%	1	0.1%	31	2.0%	–	–	2	0.1%			1553	100%

Insgesamt sind also von den vier Stichproben 1553 Belege erfasst worden (vgl. letzte Zeile). Davon entfallen auf Genitiv und Dativ zusammen 58,0% und auf die mehrdeutigen Fälle 42%. Letztere sind fast ausschliesslich als GD-Fälle vertreten (ca. 40,0%). Dieses Ergebnis weicht nicht sehr von demjenigen ab, das wir bei der Präposition trotz erhalten haben (vgl. o.S. 36ff.). Wir werden am Schluss (u.S. 103ff.) noch diesbezügliche Vergleiche anstellen.

Einige Beispiele:

RIES 348 "während des Prozesses";
DODERER 637 "während Edithas Rede";
KAESTNER 130 "während einem dieser Empfänge";
SENFT 29 "während der nächsten paar Minuten";
NZ, Nr. 571, 9.12.1967, S. 1 "während einiger Minuten";
SCHAEDELIN 191 "während des Jahres";
OBERTHURGAUER, Nr. 45, 22.2.1969, S. 3 "während des Rennens";
A. MUSCHG "während der Regenzeit";
SIEBURG 53 "während der Nacht";
JUNGK 58 "während der Mittagssendung";
GRASS, Blechtrommel 575 "während meiner Abwesenheit";
ADORNO 35 "während dieses Prozesses";
SZONDI 25 "während langer Jahre";
MITSCHERLICH 88 "während mehrerer Stunden";
BRINGOLF 243 "während der Junisession";
STREULI 36 "während drei Jahren".

2.22 Prüfung der Nullhypothese

Zeitigen nun die Stichproben für die Schweiz und West-Deutschland das gleiche Ergebnis? Verteilen sich die eindeutigen Fälle jeweils im gleichen Verhältnis auf Genitiv und Dativ? Die Tabelle 22 und das zugehörige Säulen-Diagramm (Figur 6) geben eine negative Antwort:

58

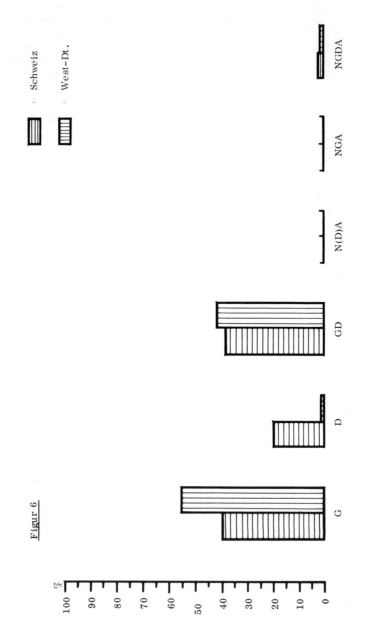

Figur 6

Wie bei trotz (vgl. o.S. 36ff.) zeigen auch hier die eindeutigen Fälle Genitiv und
Dativ die grössten Differenzen. Was vor allem den Dativ betrifft, so kommt er bei
den westdeutschen Belegen so gut wie nicht vor, während er bei den Belegen aus
der Schweiz fast ein Fünftel (19,8%) ausmacht. Der Genitiv-Anteil ist dann entsprechend niedriger. Bei den mehrdeutigen Fällen sind die Differenzen wieder
kleiner.

Obwohl die Differenzen bei den eindeutigen Fällen scharf ausgeprägt sind, können
wir uns dennoch nicht auf das Gefühl und das Auge verlassen. Wir haben also auch
hier zu prüfen, ob die Differenzen nicht zufällig, d.h. durch die Stichprobe als
solche bedingt sind. Zu diesem Zweck führen wir zunächst den Chi-Quadrat-Test
durch.

In diesem Fall nimmt der Test einmal Bezug auf die folgende beobachtete Verteilung (vgl. dazu Tabelle 22):

Tabelle 23

Kasus	Schweiz	West-Deutschland	Zeilensumme
G	295	317	612
D	148	5	153
GD	281	238	519
N(D)A etc.	21	11	32
Spaltensumme	745	571	1316

Zum andern nimmt der Test Bezug auf die für den Fall der Nullhypothese erwartete Verteilung:

Tabelle 24

Kasus	Schweiz	West-Deutschland	Zeilensumme
G	347	266	612
D	87	66	153
GD	294	225	519
N(D)A etc.	18	14	32
Spaltensumme	745	571	1316

Tabelle 25 enthält die weiteren Berechnungen:

Tabelle 25

Frequenzen der Tab. 23 minus der Frequenzen der Tab. 24		Differenzenquadrate		Differenzenquadrate dividiert durch die Frequenzen der Tab. 24	
- 52,0	52,0	2704	2704	7,8	10,2
61,0	- 61,0	3721	3721	42,8	56,4
- 13,0	13,0	169	169	0,6	0,8
3,0	- 3,0	9	9	0,5	0,6

Freiheitsgrade = 3

p < 0,1%

$$51,7 \quad + \quad 68,0$$
$$= 119,7$$
$$\chi^2 = 119,7$$

Die Interpretation von $\chi^2 = 119,7$ lautet ähnlich wie bei trotz (vgl. o.S. 41). Der Zusammenhang zwischen Sprachgebiet und Kasuswahl ist damit auch im Fall der Präposition während auf dem 0,1%-Niveau signifikant.

Tun wir also den zweiten Schritt und prüfen wir, ob der Unterschied zwischen den Dativ-Werten signifikant ist. Die Standardabweichung ist

$$\sigma_{(P_1-P_2)} \approx 1,78.$$

Es ergibt sich dann für die Differenz 19,8-0,9 = 18,9% der Standardwert

$$z = 10,6.$$

Ein solcher z-Wert ist bei Gültigkeit der Nullhypothese äusserst unwahrscheinlich (vgl. o.S. 42). Die Nullhypothese muss also verworfen werden, und der Unterschied zwischen den Dativ-Werten ist auf dem 0,3%-Niveau signifikant.

Im übrigen gilt auch hier, was oben (S. 42) schon im Hinblick auf trotz gesagt worden ist. Der Unterschied zwischen den Dativ-Werten bedingt den Unterschied zwischen den Genitiv-Werten, wie an Figur 6 deutlich abzulesen ist. Um ganz sicher zu gehen, sei noch für die Differenz der Genitiv-Werte der entsprechende Standardwert berechnet. Er beträgt z = - 5,8 und besagt, dass der Unterschied auf dem 0,3%-Niveau signifikant ist. Bei den übrigen Werten gibt es keine signifikanten Unterschiede (was allerdings unten S. 97ff.) noch genauer zu zeigen sein wird). Damit ist aber der Punkt ausgemacht, in dem sich das schweizerdeutsche und westdeutsche Sprachgebiet bei der Kasuswahl nach während unterscheiden.

2.23 Rektionsentscheidende Faktoren

Wie bei der Präposition trotz (vgl. o.S. 42ff.), so wollen wir auch hier die Frage aufwerfen, ob die Wahl zwischen Genitiv und Dativ durch irgendwelche Faktoren beeinflusst wird. Diese Frage stellt sich allerdings nur für das schweizerdeutsche Material, da bei den westdeutschen Belegen der Dativ so gut wie nicht vorkommt. Eine Sichtung der schweizerdeutschen Dativ-Belege ergibt nun, dass sie tatsächlich eine auf den ersten Blick ziemlich homogene Gruppe bilden, die sich vor allem durch drei Merkmale auszeichnet. Es handelt sich (a) fast durchweg um Pluralia, (b) um Nomina, die - semantisch gesehen - bestimmte Zeitintervalle bezeichnen, und (c) um bestimmte Kompositionstypen. Diese drei Merkmale wollen wir im einzelnen betrachten.

Zu (a): Merkmal "Plural"

Wie die folgende Tabelle zeigt, ist bei singularischem Nomen der Dativ nicht gewählt worden, von wenigen Ausnahmen abgesehen:

Tabelle 26

Kasus	Gesamt	Singular		Plural	
		Abs.	Rel.	Abs.	Rel.
Genitiv	295	200	97,1%	95	40,1%
Dativ	148	6	2,9%	142	59,9%
Sa.	443	206	100,0%	237	100,0%

Dass bei singularischem Nomen der Dativ n i c h t gewählt worden ist, bedeutet nun keineswegs, dass die Pluralbelege mit den Dativ-Belegen identisch sind, oder anders gesagt: dass bei einem pluralischen Nomen stets der Dativ gewählt worden ist. Wohl gilt, dass die Dativ-Belege - von den 6 Ausnahmen abgesehen - mit Plural-Belegen identisch sind, es gilt aber nicht die Umkehrung: die Plural-Belege sind mit den Dativ-Belegen identisch. Das Merkmal "Plural" ist also allein nicht ausreichend, um die Dativ-Belege oder jedenfalls einen Teil von ihnen eindeutig identifizieren zu können.

Zu (b): Merkmal "Zeitbegriff"

Das Merkmal "Zeitbegriff" ist ebenso auffällig wie das Merkmal "Plural", tauchen doch bei den Dativ-Belegen immer wieder die gleichen Nomina auf, nämlich: Jahrhundert, Jahrzehnt, Jahr, Monat, Woche, Tag, Stunde, Minute, Abend. Lässt sich daraus vielleicht ein ausreichendes Kriterium zur Identifizierung der Dativ-

Belege gewinnen? Die folgende Tabelle soll darauf eine Antwort geben:

Tabelle 27

Zeitbegriff	Gesamt	Genitiv	Dativ
Jahrhundert	2	0	2
Jahrzehnt	14	4	10
Jahr	110	25	85
Monat	26	8	18
Woche	5	3	2
Tag	34	22	12
Abend	3	2	1
Stunde	8	7	1
Minute	4	3	1
Sa.	206	74	132

Es ist also keineswegs so, dass bei den genannten Zeitbegriffen ausschliesslich der Dativ gewählt wird. Der Dativ überwiegt zwar, aber doch nicht in einem Mass, das uns gestatten würde, in dem Merkmal "Zeitbegriff" einen die Kasuswahl entscheidend beeinflussenden Faktor zu erkennen. Das Kriterium "Zeitbegriff" mag für die Gruppe der Dativ-Belege bezeichnend sein - es werden damit immerhin 132 Belege von insgesamt 148 (= 89,2%) erfasst - , ist aber keineswegs ausreichend für die Identifizierung der Dativ-Belege. Aber vielleicht ist es in Kombination mit dem Merkmal "Plural" hinreichend, und zwar hinreichend dergestalt, dass alle und nur die Belege mit einem pluralischen Zeitbegriff den Dativ aufweisen? Die folgende Tabelle gibt darüber Auskunft:

Tabelle 28

Zeitbegriff	Gesamt	Genitiv		Dativ	
		Sg.	Pl.	Sg.	Pl.
Jahrhundert	2	0	0	0	2
Jahrzehnt	14	0	4	0	10
Jahr	110	10	15	2	83
Monat	26	1	7	0	18
Woche	5	0	3	0	2
Tag	34	10	12	0	12
Abend	3	2	0	0	1
Stunde	8	0	7	0	1
Minute	4	0	3	0	1
Sa.	206	23	51	2	130

Auch die Kombination der beiden Merkmale "Plural" und "Zeitbegriff" liefert keine
genaue Abgrenzung desjenigen Teils der Dativ-Belege, den wir mit dem Merkmal
"Zeitbegriff" ins Auge gefasst haben: die entsprechenden Pluralia stehen zwar zu
einem sehr grossen Teil im Dativ, ein anderer, nicht unbeträchtlicher Teil steht
aber im Genitiv (Verhältnis: 130:51).

Zu (c): Merkmal "Kompositionstyp"

Bleibt also das letzte der oben genannten drei Merkmale zu behandeln, nämlich
der Kompositionstyp. Wir legen der nächsten Untersuchung folgende Hypothese
zugrunde: Bei den Kompositionstypen Ia (während Jahren; zur Spezifizierung der
Kompositionstypen vgl. die folgende Tabelle) und IIf (während zehn Jahren) wird
der Dativ gewählt, in allen andern Fällen der Genitiv, von einigen Ausnahmen abgesehen. Die nächste Tabelle stellt das Untersuchungsergebnis dar:

Tabelle 29

Kompositionstyp		Gesamt	Genitiv	Dativ
Nr.	Beispiele			
Ia	während Jahren	30	0	30
Ib	während dem	9	7	2
IIa	während der Proben	158	148	10
IIb	während eines Jahres	11	9	2
IIc	während ihrer Einkäufe	15	13	2
IId	während dieser Wochen	21	10	11

63

Tabelle 29 (Fortsetzung)

Kompositionstyp		Gesamt	Genitiv	Dativ
Nr.	Beispiele			
IIe	während vieler Jahre	21	10	11
IIf	während zehn Jahren	89	9	80
IIg	während kurzer Wochen	5	1	4
IIIa	während des angeregten Gesprächs	71	68	3
IIIb	während der 70 Vorstellungen	1	0	1
IIIc	während der beiden Weltkriege	1	0	1
IIId	während eines anderen Jahres	5	5	0
IIIe	während ihrer siegreichen Feldzüge	7	7	0
IIIf	während dieses unseres Aufenthalts	1	1	0
IIIg	während vieler nächtlicher Stunden	1	1	0
IIIh	während all der Drohungen	1	1	0
IIIi	während all diesen Vorkommnissen	1	0	1
IVa	während des ganzen übrigen Tages	2	2	0
IVb	während der vergangenen 12 Monate	5	5	0
IVc	während der nächsten paar Minuten	1	1	0
Sa.		443	295	148

Die Tabelle bestätigt unsere Hypothese, da fast alle Belege, die den Kompositions-
typen Ia und IIf angehören, bis auf wenige Ausnahmen den Dativ aufweisen. Ge-
nauer besehen handelt es sich bei den betreffenden Belegen, die zusammen 110 von
insgesamt 148 Dativ-Belegen (= 74,4%) ausmachen, um die Verbindung /während
+ (Numerale +) Zeitbegriff im Plural/. Dafür einige Beispiele, zunächst für die
zweigliedrige Verbindung /während + Zeitbegriff im Plural/:
STUCKI 116 "während Jahren";
WEHRLI 142 "während Monaten";
ZWINGLI-KALENDER 38 "während Tagen";
HEDIGER 154 "während Jahrhunderten";
BRINGOLF 336 "während Jahrzehnten".
Insgesamt begegnet die Verbindung während Jahrhunderten 2-mal, während Jahr-
zehnten 9-mal, während Jahren 9-mal, während Monaten 5-mal (davon 1-mal in
der Verbindung während Wochen und Monaten und ein anderes Mal in der Verbin-
dung während Wochen, ja sogar Monaten) und während Tagen 5-mal (davon 3-mal
in der Verbindung während Stunden oder Tagen).
Zwei Beispiele für die dreigliedrige Verbindung /während + Numerale + Zeitbegriff im Plural/:
VATERLAND, Nr. 291, 16.12.1967, S. 9 "während zwölf Jahren";
STREULI 36 "während drei Jahren".

Bei den 9 Ausnahmen, welche nicht im Dativ, sondern im Genitiv stehen, tritt als Numerale ein deklinables zwei oder drei auf. Einige Beispiele:
STUCKI 101 "während dreier Jahrzehnte";
NZ, Nr. 564, 5.12.1967, S. 3 "während zweier Jahre";
GUGGENHEIM 89 "während dreier Monate".
Freilich begegnen diese Verbindungen auch im Dativ, und zwar in nicht minder grosser Zahl. Auch dafür einige Beispiele:
HAESLER 138 "während zwei Tagen";
OBERTHURGAUER, Nr. 55, 6.3.1969, S. 3 "während zwei Jahren";
HEDIGER 162 "während drei Jahren".
Hier ist also eine gewisse Inkonsequenz festzustellen, die uns nötigt, diese Fälle aus dem Kreis jener Belege, in denen mit Sicherheit ein Dativ zu erwarten ist, auszuschliessen. Dieser Kreis besteht also aus den Belegen, die den Kompositionstypen Ia und IIf (ausgenommen die Fälle, welche als Numerale zwei oder drei enthalten) angehören und einen der oben (S. 61) genannten Zeitbegriffe im Plural aufweisen. Das Motiv für die Dativ-Wahl dürfte auf der Hand liegen: es wird der Dativ als formal eindeutiger Kasus gegenüber dem mit Nominativ und Akkusativ identischen Genitiv bevorzugt.

Beim Rest der Dativ-Belege lassen sich keine eindeutigen, die Kasuswahl beeinflussenden Faktoren mehr isolieren. Generell darf man aber feststellen, dass bei pluralischen Nomina eine Neigung besteht, den Dativ zu bevorzugen.

Im Vergleich mit West-Deutschland fällt auf, dass hier die eben besprochenen Fälle nur dreimal auftreten, und zwar alle bei Grass (GRASS, Katz 107 "während drei Monaten"; Blechtrommel 312 "während zwei Jahren"; 578 "während Jahren"). Damit ist der geringe Dativ-Anteil bei West-Deutschland erklärt. Nicht erklärt ist aber, weshalb diese Fälle bei der Schweiz in so grossem Masse, bei West-Deutschland aber kaum auftreten. Unseres Erachtens ist diese Erscheinung darauf zurückzuführen, dass es sich hier um Verbindungen handelt, die in der schweizerdeutschen Hochsprache bevorzugt gebraucht werden, während sie in der binnendeutschen Hochsprache nach Möglichkeit gemieden werden. Fügungen wie während Jahrzehnten - vor allem diese Konstruktion! - oder während drei Jahren haben im Ohr des Norddeutschen einen fremden, ja pretiösen Klang; er würde sie durch andere Bildungen ersetzen, zum Beispiel durch jahrzehntelang oder drei Jahre lang. Kaisers Angaben über während können dafür als willkommene Bestätigung gelten (23). Freilich hat er nur die entsprechenden genitivischen Konstruktionen in den Blick bekommen.

Als Anhang sei noch die Verteilung der eindeutigen Genitiv- und Dativ-Belege auf die verschiedenen Kompositionstypen mitgeteilt:

Tabelle 29a

Kompositions-typ	Gesamt		Genitiv		Dativ	
	Abs.	Rel.	Abs.	Rel.	Abs.	Rel.
I	39	100%	7	17,9%	32	82,1%
II	306	100%	197	64,4%	109	35,6%
III	90	100%	83	92,2%	7	7,8%
IV	8	100%	8	100 %	0	0 %
V	0	100%	0	0 %	0	0 %
Sa.	443	100%	295	66,6%	148	33,4%

Auch hier ist - wie bei trotz (vgl. o.S. 48) und bei wegen (vgl. u.S. 81f.) - zu beobachten, dass der Genitiv-Anteil mit der Grösse des Kompositionstyps ansteigt,
dass der Dativ-Anteil aber im Sinne einer nun umgekehrten Proportionalität sinkt.
Die kleinen Zahlen bei den Kompositionstypen I und IV mahnen allerdings zur Vorsicht bei der Interpretation.

2.24 Mehrdeutige Fälle

2.241 Genitiv oder Dativ

Die Fälle, in denen Genitiv und Dativ formal nicht geschieden werden können, sind
auch bei während zahlreich vertreten. Wir nennen zunächst einige Beispiele:
GRASS, Blechtrommel 395 "während der Vorstellung";
Ebda. 556 "während einer Pause";
BRINGOLF 176 "während der ganzen Zeit";
Ebda. 331 "während der Untersuchungshaft";
O. MEYER 16 "während der Fahrt";
WELT, Nr. 80, 6.4.1967, S. 1 "während der Mittagsstunde";
Ebda. Nr. 83, 10.4.1967, S. 1 "während der Diskussion";
WALSER, Ehen 111 "während der letzten Nacht";
AMBER 17 "während ihrer Haft";
Ebda. 23 "während seiner Unterredung".

Der Anteil dieser Fälle ist mit insgesamt ca. 40% erstaunlich hoch. Wir setzen
den entsprechenden Ausschnitt aus Tabelle 22 noch einmal hierher:

Tabelle 30

Politisches Gebiet	Gesamt		GD	
	Abs.	Rel.	Abs.	Rel.
Schweiz	746	100%	281	37,7%
West-Deutschland	571	100%	238	41,7%
Ost-Deutschland	69	100%	38	55,1%
Oesterreich	167	100%	59	35,3%
Sa.	1553	100%	616	39,7%

Die Werte für die Schweiz und für West-Deutschland weichen nur wenig voneinander ab, während der Wert für Oesterreich sich ihnen annähert. Wir stellen hier also eine grosse Uebereinstimmung fest. Der Wert für Ost-Deutschland dagegen zeigt, wie bei der geringen Belegzahl nicht anders zu erwarten, eine grössere Abweichung. Vgl. dazu u.S. 99ff..

Es handelt sich ausnahmslos um Feminina Singularia, und zwar diesmal um Feminina Singularia, die allen Kompositionstypen, also auch dem Kompositionstyp I, angehören. Die entsprechende Verteilung sieht folgendermassen aus:

Tabelle 31

Kompositionstyp	Zahl der GD-Belege	
	Abs.	Rel.
I	18	2,9%
II	457	74,2%
III	137	22,2%
IV	3	0,5%
V	1	0,2%
Sa.	616	100 %

Die meisten Belege entfallen auf die Typen II und III (74,2% beziehungsweise 22,2%).
Die 18 Belege, die auf den Kompositionstyp I entfallen, sind dadurch gekennzeichnet,
dass sie nicht ein substantivisches Nomen, sondern ein P r o nomen aufweisen. An-
sonsten sind mit diesen Fällen keine besonderen Probleme verbunden.

2.242 Casus rectus

Die Fälle, welche als casus rectus zu interpretieren sind, treten mit ca. 2% kaum
in Erscheinung, wie die folgende Tabelle, ein Ausschnitt aus Tabelle 22, noch einmal vergegenwärtigt:

Tabelle 32

Politisches Gebiet	Gesamt		N(D)A		NGA		NGDA	
	Abs.	Rel.	Abs.	Rel.	Abs.	Rel.	Abs.	Rel.
Schweiz	745	100%	0	0 %	1	0,1%	19	2,5%
West-Deutschland	571	100%	1	0,2%	0	0 %	9	1,6%
Ost-Deutschland	69	100%	0	0 %	0	0 %	0	0 %
Oesterreich	168	100%	2	1,2%	0	0 %	3	1,8%
Sa.	1553	100%	3	0,2%	1	0,1%	31	2,0%

Bis auf 4 entfallen alle 31 Belege auf den Fall "NGDA". Es sind ausnahmslos
Feminina, und zwar überwiegend Pluralia (24) und - dem Kompositionstyp nach -
Fügungen wie während (zehn) Wochen (Stunden/Minuten). Hier tauchen also die
Feminina auf, welche den oben (S. 61ff.) behandelten Dativ-Fällen entsprechen.
Wiederum sind es in der Hauptsache Belege aus der Schweiz (z.B. BRINGOLF
176 "während Wochen"; GUGGENHEIM 242 "während Stunden und Stunden"). Die
7 Singularia gehören bis auf eine Ausnahme dem Typ während Klohses Vorrede
(GRASS, Katz 64) an, also: während + Name im Genitiv + femin. Nomen. Eine
Variante dieser Verbindung, nämlich mit neutralem Nomen, erscheint dreimal.
Da der (an sich mögliche) Genitiv aber nicht gewählt worden ist, sind diese 3
Fälle als N(D)A zu interpretieren: DODERER 270 "während Grauermanns Früh-
stück"; ebda. 285 "während Etelkas Erscheinen"; GRZIMEK 44 "während Strupp-
kes Auftreten". Diese drei Belege bestätigen also Angaben, wie sie sich in der
Duden-Grammatik und anderswo finden (24). Schliesslich sei noch der Beleg
VATERLAND, Nr. 296, 22.12.1967, S. 5 "während 25 Jahre" erwähnt, der als
NGA zu deuten ist. Hier ist der an sich mögliche Dativ (Jahre-n) - abweichend von
der Mehrzahl ähnlicher Fälle (vgl. o.S. 61ff.) - nicht gewählt worden.

2.243 Sonderfälle

Zwei Belege sind als Sonderfälle einzustufen:
GRASS, Katz 49 "... hatte natürlich während nicht mitgezählt" und
HEDIGER 21 "während 1/12 des Jahres".
Beim ersten Fall fehlt ein Nomen und beim zweiten Fall ist wegen der Zahlschreib-
weise nicht zu entscheiden, welcher Kasus vorliegt. Drei Möglichkeiten wären
denkbar: während ein Zwölftel des Jahres, während einem Zwölftel des Jahres und
während eines Zwölftels des Jahres.

2.25   Die Kasuswahl beim Kompositionstyp I

Mit ähnlicher Begründung wie bei trotz (vgl. o.S. 53) wollen wir uns nun auch hier
der Frage zuwenden, welcher Kasus beim Kompositionstyp I gewählt worden ist.
Die folgende Tabelle gibt darüber Auskunft:

Tabelle 33

Kasus	Häufigkeit	
	Abs.	Rel.
G	16	19,5%
D	39	47,6%
GD	16	19,5%
N(D)A	0	0 %
NGA	0	0 %
NGDA	11	13,4%
Sa.	82	100 %

In der Mehrzahl der Fälle begegnet also eindeutiger Genitiv oder eindeutiger Dativ.
Bei den übrigen Fällen ist entweder nicht zwischen Genitiv oder Dativ zu entscheiden, oder es ist überhaupt keine Kasus-Unterscheidung, weder positiv noch negativ,
möglich. Das Charakteristische an dieser Verteilung zeigt aber erst die folgende
Tabelle, welche die Belege noch einmal sondert, und zwar unter dem Gesichtspunkt, ob sie ein Nomen oder ein Pronomen enthalten:

Tabelle 34

Kasus	Gesamt	Mit Nomen	Mit Pronomen
G	16	0	16
D	39	32	7
GD	16	0	16
N(D)A	0	0	0
NGA	0	0	0
NGDA	11	11	0
Sa.	82	43	39

Gut die Hälfte der hier in Frage stehenden Belege weist also statt eines Nomens ein Pronomen auf. Es sind dies - neben einigen Dativ-Belegen - alle Fälle, die als "Genitiv" oder als "Genitiv oder Dativ" zu interpretieren sind. Die Nomina aber stehen ihrerseits entweder im (eindeutigen) Dativ, oder ihre Morphologie lässt eine Kasus-Unterscheidung nicht zu.

Die Frage, welcher Kasus beim Kompositionstyp I gewählt worden ist, stellt sich bei während also etwas anders als bei trotz (vgl. o.S. 53 ff.), d.h. wir müssen sie getrennt beantworten für die Fälle, die ein Nomen, und für die Fälle, die ein Pronomen aufweisen. Die Antworten sind nun freilich einfach zu geben: (a) Soweit überhaupt ein casus obliquus bei den Fällen, die N o m e n enthalten, zu kennzeichnen ist, wird der Dativ gewählt, nämlich in 32 von insgesamt 43 Fällen. In den andern 11 Fällen ist eben keine Kasus-Unterscheidung möglich. Es handelt sich hier einerseits um jene Belege vom Typus während Tagen (Maskulina und Neutra im Dativ Plural), andererseits um Belege von der Art während Wochen (Feminina im Plural), die oben S. 61 ff. und 68 behandelt worden sind. Abgesehen von 4 Fällen aus GRASS stammen sie alle aus schweizerischen Quellen. (b) In den Belegen, die ein P r o n o m e n enthalten, ist der Genitiv stärker vertreten als der Dativ (Verhältnis: 16:7). Bei den andern Fällen, die also keinen eindeutigen Genitiv oder Dativ enthalten (16), ist zwischen Genitiv und Dativ nicht zu scheiden. Es handelt sich vor allem um Relativpronomina. Wie es scheint, wird im Plural der Genitiv bevorzugt; von insgesamt 16 Pluralbelegen stehen nämlich 14 im Genitiv und nur 2 im Dativ, wobei von den restlichen 5 Dativ-Belegen allein 3 auf die Fügung während alledem entfallen, eine Parallelkonstruktion zur Fügung trotz alledem (vgl. o.S. 42 ff.). Bei denjenigen Fällen, in denen nicht zwischen Genitiv und Dativ entschieden werden kann, handelt es sich wieder um Feminina Singularia. Charakteristisch für alle diese Belege, welche ein Pronomen anstelle eines Nomens enthalten, ist im übrigen, dass sie bis auf wenige Ausnahmen (5 Belege) aus einer österreichischen (nur DODERER: 15 Belege) oder Schweizer Quelle (19 Belege) stammen: in der binnendeutschen Schriftsprache wird die Verbindung /während + Pronomen/ offensichtlich gemieden.

2.3   Die Rektion von wegen

2.31 Ueberblick

Schliesslich wollen wir die Präposition wegen behandeln. Die Frage, welchen
Kasus wegen regiert, beantwortet die folgende Tabelle im Ueberblick:

Tabelle 35

Politisches Gebiet	Eindeutige Fälle				Nicht-eindeutige Fälle										Total	
	G		D		GD		N(D)A		NGA		NGDA		DA		Besonderes		Total	
	Abs.	Rel.	Abs.	Rel.	Abs.	Rel.	Abs.	Rel.	Abs.	Rel.	Abs.	Rel.	Abs.	Rel.	Abs.	Rel.	Abs.	Rel.
Schweiz	296	41.1%	78	10.9%	243	33.6%	35	4.9%	-	-	68	9.4%	1	0.1%	-	-	721	100%
West-Deutschland	248	43.4%	20	3.5%	218	38.2%	31	5.4%	-	-	52	9.2%	1	0.2%	1	0.2%	571	100%
Ost-Deutschland	45	33.6%	21	15.7%	38	28.4%	8	6.0%	-	-	19	14.3%	1	0.7%	2	1.5%	134	100%
Oesterreich	78	51.0%	5	3.3%	59	38.6%	6	3.9%	-	-	3	2.0%	-	-	2	1.3%	153	100%
Sa.	667	42.2%	124	7.8%	558	35.3%	80	5.1%	-	-	142	9.0%	3	0.2%	5	0.3%	1579	100%

Aufs ganze gesehen (vgl. letzte Zeile) entfallen genau 50,0% (= 42,2% + 7,8%) aller
Belege auf die eindeutigen Fälle "Genitiv" beziehungsweise "Dativ", in etwas mehr
als einem Drittel der Belege (35,3%) ist eine Entscheidung zwischen Genitiv und
Dativ nicht möglich, und der Rest der Belege (ca. 15,0%) ist - von wenigen Ausnahmen abgesehen (8 Belege, wovon 3 als Dativ oder Akkusativ zu deuten sind und
5 Sonderfälle darstellen) - als casus rectus zu interpretieren.

Einige Beispiele:

ULRICH 121 "wegen des alten Opel und eines Schafskopfes";
JOHNSON 194 "wegen des Drachens";
GRASS, Blechtrommel 706 "des Glückes wegen";
SEGHERS, Kraft 175 "wegen dem dummen Weibsbild";
STRITTMATTER 239 " 'wegen dem verfluchten Eiersoll' ";
ADORNO 62 "seiner Beschränkheit wegen";
PERLHOFER 36 "wegen einer Viertelstunde";
DODERER 757 "wegen des Einkaufs grösserer Mengen von Zigaretten";
WEHRLI 13 "der Gesundheit wegen";
HAESLER 46 "wegen der Fabrik";
BRINGOLF 269 "wegen der Presse-Zensur";
MUELLER 29 " 'wegen dem Mädchen' ";
SCHAEDELIN 35 "wegen seinen Backenknochen";
NZ, Nr. 593, 22.12.1967, S. 9 "wegen der Rechnungstermine";
SCHMIDLI 197 "wegen des Rauches".

2.32 Prüfung der Nullhypothese

Die Nullhypothese lautet in diesem Fall: Es besteht kein wesentlicher Unterschied
in der Kasusrektion von wegen zwischen der schweizerdeutschen und binnendeutschen
Schriftsprache. Im besonderen besteht kein wesentlicher Unterschied zwischen
den jeweiligen Dativ-Anteilen. Bestätigen die Stichproben diese Behauptungen? An
Figur 7, welche das zu Tabelle 35 gehörige Säulen-Diagramm zeigt, ist abzulesen,
dass die Unterschiede hier nicht so ausgeprägt sind wie bei den andern beiden
Präpositionen:

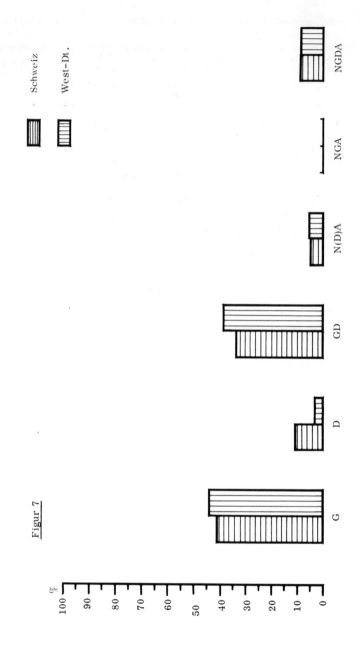

Figur 7

74

Aber auch hier sind zum Teil recht deutliche Differenzen festzustellen. Wir wollen zunächst mit Hilfe des Chi-Quadrat-Tests prüfen, ob die Verteilung, welche sich für die Schweiz ergeben hat, in signifikanter Weise von der westdeutschen abweicht.

Der Chi-Quadrat-Test nimmt wiederum zunächst auf die beobachtete Verteilung Bezug (vgl. dazu Tabelle 35):

Tabelle 36

Kasus	Schweiz	West-Deutschland	Zeilensumme
G	296	248	544
D	78	20	98
GD	243	218	461
N(D)A etc.	104	85	189
Spaltensumme	721	571	1292

Die für den Fall der Nullhypothese erwartete Verteilung sieht folgendermassen aus:

Tabelle 37

Kasus	Schweiz	West-Deutschland	Zeilensumme
G	304	240	544
D	55	43	98
GD	258	203	461
N(D)A etc.	105	84	189
Spaltensumme	721	571	1292

Tabelle 38 gibt einen Ueberblick über die weiteren Berechnungen:

Tabelle 38

Frequenzen der Tab. 36 minus der Frequenzen der Tab. 37		Differenzenquadrate		Differenzenquadrate dividiert durch die Frequenzen der Tab. 37	
- 8	8	64	64	0,21	0,27
23	- 23	529	529	9,62	12,30
- 15	15	225	225	0,87	1,11
- 1	1	1	1	0,01	0,01

Freiheitsgrade = 3

p $<$ 0,1%

$$10,71 \quad + \quad 13,69 = 24,40$$

$$\chi^2 = 24,40$$

χ^2 beträgt in diesem Fall 24,40, ist also kleiner als bei trotz und während (vgl. o.S. 41f. und 60). Gleichwohl zeigt es einen signifikanten Unterschied an, da bei 3 Freiheitsgraden die Wahrscheinlichkeit p = 0,1% ist, dass man zufällig ein χ^2 = 16,26 oder grösser erhält. Die Abweichungen von der versuchsweise einge- setzten hypothetischen Gleichverteilung können also nicht stichprobenbedingt und damit zufällig sein. Der Unterschied ist auf dem 0,1%-Niveau signifikant.

An welchem Punkt aber unterscheiden sich die beiden Verteilungen in wesentlichem Masse? Wenn wir Figur 7 betrachten, dann kommt wohl nur der Dativ in Frage. Wir müssen also prüfen, ob der Unterschied zwischen den Dativ-Anteilen signifi- kant ist. Die Standardabweichung beträgt für den Fall der Nullhypothese

$$\sigma_{(P_1 - P_2)} = 1,48 \, .$$

Der Standardwert beträgt dann für die gegebene Differenz 10,9 - 3,5 = 7,4%

$$z = 5,0 \, .$$

Ein derartiges Ergebnis ist bei Gültigkeit der Nullhypothese in hohem Grade un- wahrscheinlich, da schon im Bereich von z = $\pm$ 3 99,7% aller normal verteilten Ergebnisse liegen. Der Unterschied ist also auf dem 0,3%-Niveau signifikant, und die Nullhypothese ist zugunsten der Alternativ-Hypothese zu verwerfen.

Offenbar bezeichnet nun der Dativ den einzigen Punkt, in dem sich die beiden Ver- teilungen unterscheiden. Denn der Unterschied zwischen den Genitiv-Anteilen und den GD-Anteilen ist nicht so gravierend, wie uns Figur 7 zeigt. Die Wahl des Dativs geht also bei den schweizerdeutschen Belegen augenscheinlich nicht im gleichen Masse zu Lasten des Genitivs, wie wir das bei trotz und während beob- achten konnten (vgl. o.S. 42 und 60). Tatsächlich ist der Unterschied zwischen den Genitiv-Anteilen ebensowenig signifikant wie derjenige zwischen den GD-An- teilen, ergibt sich doch ein Standardwert von z = -0,8 beziehungsweise -1,7. Diese

Werte entsprechen einem Signifikanzniveau von p = 42,4% beziehungsweise 8,9%. Der letzte Wert (p = 8,9%) ist freilich relativ klein. Ueblicherweise wird aber die Hypothese, dass der empirisch ermittelte Wert (hier also: die Differenz 33,6 - 38,2 = - 4,6) nur zufällig vom hypothetischen (hier: 0 als Differenz der GD-Anteile in den beiden Grundgesamtheiten) abweicht, in den Sozialwissenschaften für vertretbar gehalten, wenn die Wahrscheinlichkeit für die errechnete Abweichung p $\geqq$ 5% ist (25).

2.33 Rektionsentscheidende Faktoren

Auch für wegen wollen wir die Frage aufnehmen, ob bei den Schweizer Belegen gewisse Faktoren zu erkennen sind, welche die Kasuswahl beeinflussen, indem sie die Entscheidung für den Dativ nahelegen oder gar erfordern.

Da auf den ersten Blick bei den Dativ-Belegen - anders als bei während (vgl. o.S. 61 ff.) - keine hervorstechenden Merkmale auffallen, gehen wir wieder so vor, dass wir zunächst bestimmte Hypothesen aufstellen und diese dann jeweils prüfen. Die Untersuchungen beziehen sich allerdings nur auf diejenigen (eindeutigen) Genitiv- und Dativ-Belege, die in jedem Fall eine eindeutige Alternative bieten. Das heisst also: bei den Genitiv-Belegen hätte auch die Wahl eines eindeutigen Dativs gestattet sein müssen, bei den Dativ-Belegen die Wahl eines eindeutigen Genitivs. Diese Restriktion dient der Ausscheidung gewisser Faktoren, welche die 'Chancengleichheit' der beiden Kasus beeinträchtigen können. Betroffen sind einzig gewisse Belege mit dem Merkmal "Kompositionstyp I", zum Beispiel die folgenden: NZZ, Nr. 5569, 28.12.1967, Bl. 2 "wegen Platzmangels"; Ebda., Nr. 5591, 30.12.1967, Bl. 5 "wegen Bauterminen". In diesen Fällen wäre es nicht möglich gewesen, statt des Genitivs einen eindeutigen Dativ (erstes Beispiel) oder statt des Dativs einen eindeutigen Genitiv zu wählen (zweites Beispiel). Wir kommen unten (S. 86 ff.) auf diese Fälle noch ausführlich zu sprechen. Durch die Reduzierung ergeben sich - abweichend von Tabelle 35 - folgende Zahlen für die Schweizer Belege: Genitiv: 226, Dativ: 66 (26).

Hypothese 1: Die erste Hypothese stellt die Behauptung auf, dass der N u m e r u s einen Einfluss auf die Kasuswahl ausübt, indem zum Beispiel der Dativ nur bei singularischem Nomen gewählt wird.

Die folgende Tabelle 39 zeigt, dass die Hypothese verworfen werden muss:

Tabelle 39

Kasus	Gesamt		Singular		Plural	
	Abs.	Rel.	Abs.	Rel.	Abs.	Rel.
Genitiv	266	80,1%	167	80,7%	99	79,2%
Dativ	66	19,9%	40	19,3%	26	20,8%
Sa.	332	100 %	207	100 %	125	100 %

Sowohl im Singular als auch im Plural spiegeln sich genau die Genitiv-Dativ-Verhältnisse wieder, die auch für das Gesamt der Belege charakteristisch sind. Der Numerus spielt also bei der Wahl des Dativs offensichtlich keine Rolle.

Hypothese 2: Die zweite Hypothese bezieht sich auf das G e n u s und behauptet, dass dieses die Entscheidung zwischen Genitiv und Dativ beeinflusst, etwa in dem Sinne, dass nur bei Maskulina der Dativ gewählt wird, bei Neutra oder Feminina aber nicht.

Die folgende Tabelle gibt den Befund wieder:

Tabelle 40

Kasus	Gesamt		Maskulinum		Neutrum		Femininum	
	Abs.	Rel.	Abs.	Rel.	Abs.	Rel.	Abs.	Rel.
Genitiv	261	82,3%	131	81,9%	89	80,2%	41	89,1%
Dativ	56	17,7%	29	18,1%	22	19,8%	5	10,9%
Sa.	317	100 %	160	100 %	111	100 %	46	100 %

Die Hypothese darf als falsifiziert gelten. Sowohl bei den Maskulina als auch bei den Neutra kehren nämlich die Verhältnisse wieder, die auch im Gesamt der Belege herrschen. Bei den Feminina zeigt sich allerdings eine Abweichung, ob signifikant, wagen wir noch nicht zu sagen. Die Feminina stellen einen Sonderfall dar, da das betreffende Nomen immer im Plural steht. Wenn sich freilich herausstellen sollte, dass bei den maskulinen und neutralen Pluralia ein gleiches oder doch ähnliches Verhältnis wie bei den Feminina wiederkehrt, dann ist die Abweichung nicht signifikant. Dies führt zur dritten Hypothese.

Hypothese 3: Die dritte Hypothese betrifft die grammatischen Kategorien Numerus und Genus. Sie behauptet, dass die Genitiv- beziehungsweise Dativ-Wahl durch die Merkmalskombination "Numerus + Genus" beeinflusst wird.

Die folgende Tabelle 41 zeigt den Befund:

Tabelle 41

Kasus	Gesamt		Maskulinum				Neutrum				Femininum			
			Sg.		Pl.		Sg.		Pl.		Sg.		Pl.	
	Abs.	Rel.	Abs.	Rel.	Abs.	Rel.	Abs.	Rel.	Abs.	Rel.	Abs.	Rel.	Abs.	Rel.
Genitiv	261	82,3%	100	84,7%	31	73,8%	66	79,5%	23	82,1%	0	0%	41	89,1%
Dativ	56	17,7%	18	15,3%	11	26,2%	17	20,5%	5	17,9%	0	0%	5	10,9%
Sa.	317	100%	118	100%	42	100%	83	100%	28	100%	0	0%	46	100%

Es sind unseres Erachtens keine Anhaltspunkte gegeben, nach denen die dritte Hypothese als verifiziert gelten könnte. Im grossen und ganzen kehren überall, vor allem jeweils im Singular, die gleichen, für das Gesamt ermittelten Verhältnisse wieder. Um aber ganz sicher zu gehen, führen wir für den Plural den Chi-Quadrat-Test durch. Es ergibt sich ein $\chi^2 = 2,76$, das bei 2 Freiheitsgraden einem $p > 20\%$ entspricht. Mit andern Worten: die Abweichungen zwischen den Werten für die maskulinen, feminen und neutralen Pluralia sind rein zufällig. Es besteht also kein Zusammenhang zwischen der Merkmalskombination "Numerus + Genus" und der Kasuswahl.

Hypothese 4: Die vierte Hypothese formuliert eine Bedingung, bei deren Erfüllung der Genitiv gefordert, der Dativ aber ausgeschlossen ist. Es handelt sich um die Eigenschaft der Präposition wegen, dass sie dem Nomen sowohl voran- als auch nachgestellt werden kann. Beispiele:
WEHRLI 40 "des Lärmes wegen";
NZZ, Nr. 5299, 8.12.1967, Bl. 6 "eines Fussgängers wegen".
Bei Nachstellung nun ist - laut Hypothese 4 - der Dativ nicht möglich.

Unser Material erweist diese Aussage als richtig:

Tabelle 41a

Kasus	Gesamt		Präposition		Postposition	
	Abs.	Rel.	Abs.	Rel.	Abs.	Rel.
Genitiv	266	80,1%	202	75,4%	64	100%
Dativ	66	19,9%	66	24,6%	0	0%
Sa.	332	100 %	268	100 %	64	100%

Eine schon bekannte Tatsache erfährt hier noch einmal ihre Bestätigung. Ausführlicher gehen wir auf das Problem der Nachstellung ("Postposition") unten (S. 93 ff.) in einem Exkurs ein.

Hypothese 5: Wenn die vierte Hypothese eine Bedingung formulierte, welche die Wahl des Dativs verbietet, so nennt die fünfte Hypothese eine Bedingung, welche den Dativ f o r d e r t . Diese Bedingung besteht darin, dass das Nomen durch ein deklinables P r o nomen vertreten wird.

Die Hypothese kann als bestätigt gelten, wenngleich der hier ins Auge gefasste Fall bei den Schweizer Texten nur 7-mal (Dativ: 6, Genitiv: 1) vorkommt. Das übrige Material, das wir zum Vergleich heranziehen, stützt sie aber noch einmal mit 12 Belegen, ohne dass ein weiterer Genitiv-Beleg auftreten würde. Freilich bleibt die Zahl auch so noch verhältnismässig klein. Dies ist aber nicht verwunderlich, wird doch die Fügung /wegen + Pronomen/ normalerweise durch Kompositionen der Art deinetwegen, meinetwegen, deretwegen etc. ersetzt, wofür auch unser Material reichhaltig Belege liefert.

Die Fügung /wegen + Pronomen/ gehört der Umgangssprache an und wird denn auch dort, wo sie anzutreffen ist, nämlich stets in direkter Rede, eingesetzt, um einen umgangssprachlichen Effekt zu erzielen. Zwei Beispiele mögen das zeigen:
TEXTE 62 " 'Wegen ihnen bin ich gekommen', sagt Klara, 'nur wegen ihnen.' "
PETER 145 " 'Forty-Tuny-Baby, wegen dir habe ich meinen neuen Wagen kaputt gefahren', brüllte er zur Begrüssung."
Der Genitiv (wegen ihrer, wegen deiner) würde hyperkorrekt und darum unangemessen klingen, die schriftsprachliche Komposition (ihretwegen, deinetwegen) als papieren und umständlich. Bezeichnenderweise begegnet denn auch der eine Fall, in dem der Genitiv gewählt worden ist, nicht in direkter Rede:
KUEBLER 119 "Das Ganze wimmelte von Schlagwörtern und Ausdrücken, die eben in den Ueberschriften der Zeitungen vorkamen, wegen deren man sich vor kurzem in den Strassen noch die Köpfe blutig geschlagen hatte."

Hypothese 6: Die sechste Hypothese behauptet, dass die Wahl des Dativs vom sogenannten Personalstil abhängig ist, unter Umständen auch von der Gattung oder der Qualitätsschicht, welcher der betreffende Text angehört.

80

Der Befund bestätigt die Hypothese insofern, als die Dativ-Belege fast durchweg nur in solchen Texten begegnet, die nicht zur gehobenen Qualitätsschicht gehören. Im einzelnen sind es folgende: BRINGOLF, KUEBLER, O. MEYER, MUELLER, PETER, (TEXTE), SCHAEDELIN, (SCHMIDLI), STREULI, STUCKI. Dazu folgende Zeitungen: NZ (vor allem der Innenteil), OBERTHURGAUER, RAETIER, VATERLAND. Als Kennzeichen des Personalstils kann der Dativ allerdings nur in den Fällen gelten, wo er gegenüber dem Genitiv ein klares Uebergewicht hat, nämlich bei MUELLER (Genitiv: 3, Dativ: 14), SCHMIDLI (Genitiv: 4, Dativ: 10) und STREULI (Genitiv: 0, Dativ: 14). Deutlich ist im übrigen zu erkennen, dass der Dativ zuweilen in dem Bestreben gewählt wird, der Sprache - es handelt sich in den betreffenden Fällen immer um direkte Rede - eine umgangssprachliche Färbung zu geben. Dafür ein Beispiel:
KUEBLER 482 " 'Passen Sie auf', sagte Härtel, 'der kommt wegen dem Fräulein.'"

Hypothese 7: Die Hypothese 7 geht wieder von der oben (S. 47 f. und 66) gemachten Beobachtung aus und behauptet, dass ein Zusammenhang besteht zwischen Kompositionstyp und Dativ-Wahl: Die Neigung, einen Dativ zu wählen, nimmt im Sinne einer umgekehrten Proportionalität ab, je grösser die Zahl der Kompositionsglieder wird. Entsprechend der Formulierung dieser Hypothese können wir bei der folgenden Untersuchung wieder alle Belege berücksichtigen, also auch die, welche zunächst ausgeschieden worden waren (vgl. o.S. 77).

Die Untersuchung zeitigt folgendes Ergebnis:

Tabelle 42

Kompositions-typ	Gesamt		Genitiv		Dativ	
	Abs.	Rel.	Abs.	Rel.	Abs.	Rel.
I	43	100%	31	72,1%	12	27,9%
II	219	100%	169	77,2%	50	22,8%
III	94	100%	80	85,1%	14	14,9%
IV	15	100%	13	86,7%	2	13,3%
V	2	100%	2	100 %	0	0 %

Die Hypothese kann als verifiziert gelten, da der Genitiv-Anteil von Kompositionstyp zu Kompositionstyp grösser wird, der Dativ-Anteil aber im gleichen Masse kleiner wird. Wegen der kleinen Zahlen bei den Typen I, IV und V legen wir aber nicht allzu grosses Gewicht auf dieses Ergebnis und lassen die Frage, ob es nicht auf Zufall beruhe, durchaus offen. Da die Tendenz bei allen drei Präpositionen zu beobachten ist, wäre jedoch zu prüfen, ob hier nicht tatsächlich eine Art Gesetz besteht.

Zusammenfassung: Die Antwort auf die Frage, ob es Faktoren gibt, welche die Wahl zwischen Genitiv und Dativ beeinflussen, lässt sich nach unsern Untersuchungen in folgenden Punkten zusammenfassen:
(1) Der Dativ ist ausgeschlossen bei nachgestelltem wegen.
(2) Der Dativ ist gefordert, wenn anstelle eines substantivischen Nomens ein Pronomen auftritt.
(3) Der Dativ begegnet vor allem in Texten, die nicht zur gehobenen Literatur rechnen.
(4) Der Kompositionstyp scheint insofern bei der Dativ-Wahl eine Rolle zu spielen, als die - ihrer Konstruktion nach - einfacheren Typen den Dativ begünstigen: je einfacher der Typus, desto höher der Dativ-Anteil.

2.34   Mehrdeutige Fälle

2.341 Genitiv oder Dativ

Auch bei wegen sind die Fälle, in denen der Kasus mehrdeutig als Genitiv oder Dativ interpretiert werden kann, verhältnismässig zahlreich vertreten. Zunächst einige Beispiele:
JUNGK 8 "wegen der Strahlungsgefahr";
Ebda. 147 "wegen seiner Beliebtheit";
JENS 37 "wegen ihrer unübertrefflichen Methodik";
ADORNO 62 "seiner Beschränkheit wegen";
NOSSACK, Literatur 116 "wegen der monomanischen Unbedingtheit";
Ebda. 20 "wegen ihrer Unfähigkeit";
GRASS, Blechtrommel 614 "wegen meiner Tätigkeit";
Ebda. 641 "wegen einer Professur";
KUEBLER 285 "wegen seiner Kühnheit";
NZZ, Nr. 5480, 19.12.1967, Bl. 3 "wegen der stark ansteigenden Milcherzeugung".

Um den zahlenmässigen Anteil dieser Fälle vor Augen zu führen, setzen wir den entsprechenden Ausschnitt aus Tabelle 35 noch einmal hierher:

Tabelle 43

Politisches Gebiet	Gesamt		GD	
	Abs.	Rel.	Abs.	Rel.
Schweiz	721	100%	243	33,6%
West-Deutschland	571	100%	218	38,2%
Ost-Deutschland	134	100%	38	28,4%
Oesterreich	153	100%	59	38,6%
Sa.	1579	100%	558	35,3%

Aufs ganze gesehen begegnet also der Fall, dass zwischen Genitiv und Dativ formal nicht unterschieden werden kann, in etwas mehr als einem Drittel der auf wegen entfallenden 1579 Belege, genau: 35,3%. Der Wert für die Schweiz liegt etwas darunter (ca. 34%), der Wert für West-Deutschland mit 38,2% etwas darüber. Eine erstaunliche Annäherung an diesen letztgenannten Wert zeigt - bei einer viel kleineren Ausgangszahl (134 Belege gegenüber 571 für West-Deutschland) - Oesterreich: 38,6%. Ost-Deutschland weist, wie zu erwarten, mit 28,4% die grösste Abweichung auf. Vgl. dazu u.S. 97 ff..

Die oben ausgeschriebenen Belege haben schon erkennen lassen, dass es sich hier ausschliesslich um Feminina Singularia handelt. Was die Verteilung auf die Kompositionstypen betrifft, so ergibt sich folgendes Bild:

Tabelle 44

Kompositions-typ	Zahl der GD-Belege	
	Abs.	Rel.
I	6	1,1%
II	385	69,0%
III	146	26,2%
IV	20	3,6%
V	1	0,2%
Sa.	558	100 %

Am häufigsten ist also der Typ II vertreten (69,0%), gefolgt vom Typ III (26,2%).
Der Typ I ist nur in 6 Fällen belegt, ausschliesslich mit einem Pronomen anstelle
eines substantivischen Nomens:
JOHNSON 155 "wegen dieser da vom Reichsbahnamt";
DODERER 741 "eine Sache, wegen der".
Weitere lohnende Fragestellungen ergeben sich nicht.

2.342 Casus rectus

Die Fälle, welche wir als casus rectus interpretieren, machen zusammen ca.
14% der wegen-Belege aus. Zur Vergegenwärtigung setzen wir den entsprechenden
Ausschnitt aus Tabelle 35 noch einmal hierher:

Tabelle 45

Politisches Gebiet	Gesamt		N(D)A		NGDA	
	Abs.	Rel.	Abs.	Rel.	Abs.	Rel.
Schweiz	721	100%	35	4,9%	68	9,4%
West-Deutschland	571	100%	31	5,4%	52	9,2%
Ost-Deutschland	134	100%	8	6,0%	19	14,3%
Oesterreich	153	100%	6	3,9%	3	2,0%
Sa.	1579	100%	80	5,1%	142	9,0%

Auf die Gruppe der N(D)A-Belege (das sind also die Fälle, in denen der Kasus
nicht als Genitiv und - gegebenenfalls - als Dativ zu identifizieren ist) entfallen
ca. 5%, auf die Gruppe der NGDA-Belege, bei denen keine Kasus-Unterscheidung
- weder im positiven, noch im negativen Sinn - möglich ist, 9%. Die entsprechenden Einzelwerte für die Schweiz und für West-Deutschland weichen davon
nicht wesentlich ab und zeigen im Gegenteil eine fast genaue Uebereinstimmung.
Die Gruppe der NGA-Fälle, bei denen der betreffende Kasus, um es negativ zu
formulieren, nicht als Dativ gedeutet werden kann, ist hier nicht belegt. Weiteres
hierzu u.S. 97 ff..

Im folgenden werden einige Beispiele ausgeschrieben. Zunächst aus der Gruppe
der N(D)A-Belege:
SEGHERS, Kreuz 312 "wegen Liebeskummer";
OBERTHURGAUER, Nr. 42, 191.11.1969, S. 3 "wegen Schmutz";
BRINGOLF 58 "wegen Landesverrat";

NZ, Nr. 562, 4.12.1967, S. 9 "wegen Halten und Behindern";
FRISCH, Gantenbein 184 "wegen Glatteis";
Ebda. 238 "wegen Taubengeflatter";
Ebda. 341 "wegen Nebel in Hamburg";
GRASS, Blechtrommel 673 "wegen Vertragsbruch";
WOLF 228 "wegen Manfred";
DODERER 238 "wegen Asta".

Dann aus der Gruppe der NGDA-Belege:
ULRICI 39 "wegen Quacksalberei";
ULRICH, Cosa Nostra 36 "wegen Körperverletzung";
ENZENSBERGER 50 "wegen Vorbereitung zum Hochverrat";
STREULI 107 "wegen Steuerhinterziehung";
OBERTHURGAUER, Nr. 74, 28.3.1969, S. 3 "wegen Ehrverletzung";
GRASS, Blechtrommel 648 "wegen Strassenarbeiten";
NOSSACK, Neugierige 68 "wegen Klippen und Untiefen des Nichts";
WALSER, Ehen 135 "wegen Testamentsanfechtungen".

Wie an den Beispielen schon sichtbar geworden sein dürfte, handelt es sich hier
um eine besondere Kategorie von Fällen, deren Merkmale kurz beschrieben werden sollen.

Bis auf 6 Ausnahmen gehören alle Belege dem Kompositionstyp I an:

Tabelle 46

Kompositionstyp	Gesamt	N(D)A	NGDA
I	216	79	137
II	6	1	5
III	0	0	0
IV	0	0	0
V	0	0	0
Sa.	222	80	142

Die Ausnahmen enthalten als weiteres Kompositionsglied entweder ein Numerale
(zwei, vier) oder ein Pronomen (was für, ein paar):
SCHOENFELDT 34 "wegen zwei Orangen";
PINKWART 127 "wegen was für Lumpereien";
KUEBLER 490 "wegen ein paar Groschen";
NZ, Nr. 561, 4.12.1967, S. 3 "wegen vier Brandstiftungen".
Einzig im ersten Fall wäre es möglich gewesen, einen obliquen Kasus zu wählen
(wegen zwei-er Orangen), in den andern Fällen nicht, da das jeweilige Numerale
beziehungsweise Pronomen indeklinabel ist und die betreffenden Substantive im
Plural keine Kasus-Unterscheidung kennen.

Morphologisch gesehen sind nur beim Kompositionstyp I Kasuswahlen wie N(D)A
und NGDA möglich, wenn man die Ausnahmen von der genannten Art einmal auf
der Seite lässt. Eine echte Wahlmöglichkeit hat allerdings nur bei der N(D)A-
Gruppe bestanden, indem hier der (an sich mögliche) eindeutige Genitiv oder -
gegebenenfalls - Dativ nicht gewählt worden ist. Es handelt sich dabei um singularische Maskulina und Neutra (42 Belege), die entweder stark oder gemischt dekliniert werden (wegen Nebel, Liebeskummer, Schmutz, Alter). Hinzu kommen
Eigennamen (37 Belege), die ja grundsätzlich einen s-Genitiv bilden können (wegen
Jan, Hortense, Asta, Will).

Bei den Belegen, die als NGDA interpretiert werden und dem Kompositionstyp I
angehören, zeichnet sich formal kein Kasus vor dem andern aus. In der Hauptsache
sind es singularische und pluralische Feminina (125 Belege, wovon 101 Singularia
und 24 Pluralia sind), zum Beispiel wegen Seuchengefahr, Trunksucht, Verlet-
zungen, Unterschlagungen. Der Rest verteilt sich auf pluralische Maskulina und
Neutra, deren Deklinationsart im Plural keine Kasus-Unterschiede kennt (nur drei
Belege mit den Substantiven: Groschen, Küchenmädchen, Sittlichkeitsvergehen),
auf Eigennamen, welche mit dentaler Spirans enden (Urs, Andreas), auf indeklinable
Pronomina (nichts, irgend etwas, was) und auf Sonderfälle (Weihnachten, Defätismus).

Damit sind die Fälle, die wir einheitlich als casus rectus interpretieren, beschrieben. Die Feststellung, dass alle diese Fälle - von wenigen Ausnahmen abgesehen - dem Kompositionstyp I angehören, führt nun wieder zu der Frage, ob
damit die Kasuswahl im Kompositionstyp I überhaupt entschieden ist, entschieden
in dem Sinne, dass beim Kompositionstyp I in allen Fällen, wo eine echte Wahlmöglichkeit besteht, der casus rectus, nicht aber der Genitiv oder Dativ gewählt
worden wäre. Dieser Frage wollen wir nun nachgehen. Zunächst seien allerdings
noch kurz die besonderen Fälle vorgestellt.

2.343 Sonderfälle

Unter den Sonderfällen finden sich zunächst 3 Belege, die als Dativ oder Akkusativ
zu deuten sind und damit eigentlich zu den mehrdeutigen Fällen gehören:
WALSER, Schwan 43 "extra wegen uns";
STRITTMATTER 12 "nur wegen euch";
KUEBLER 87 "wegen sich selber".
In allen 3 Fällen tritt anstelle eines Substantivs ein Pronomen auf, das formal als
Dativ oder Akkusativ gedeutet werden kann.

Die restlichen Belege stellen aussergewöhnliche Fügungen von der Art wegen
gestern (DODERER 702), wegen mittags (Ebda. 549) oder wegen Feind hört mit
(GRASS, Blechtrommel 405) dar.

2.35   Die Kasuswahl beim Kompositionstyp I

Wir wollen nun, wie angekündigt, der Frage nachgehen, welcher Kasus beim Kompositionstyp I gewählt worden ist. Die folgende Tabelle gibt auf diese Frage eine Antwort:

Tabelle 47

Kasus	Kompositionstyp I	
	Abs.	Rel.
G	59	19,0%
D	26	8,4%
GD	6	1,9%
DA	3	1,0%
N(D)A	79	25,5%
NGDA	137	44,2%
Sa.	310	100 %

Am häufigsten begegnet also der Fall, dass eine Kasus-Unterscheidung - sei es positiv, sei es negativ - nicht möglich ist, nämlich in 137 (= 44,2%) Belegen. Es folgt mit 79 (= 25,5%) Belegen jener andere Fall, der positiv als Nominativ, Akkusativ und - in manchen Fällen - Dativ zu deuten ist, während der Genitiv ausgeschlossen ist. An dritter Stelle liegen ihrer Häufigkeit nach die Fälle, welche eindeutig als Genitiv zu erkennen sind (59 Belege = 19,0%), gefolgt von den Fällen, die den Dativ aufweisen (26 Belege = 8,4%). Der Fall, dass eine Form als Genitiv oder Dativ beziehungsweise Dativ oder Akkusativ zu deuten ist, begegnet kaum (6 beziehungsweise 3 Belege). Es ergibt sich also diese Rangfolge:

Tabelle 48

Rang	Kasus	Häufigkeit	
		Abs.	Rel.
1.)	NGDA	137	44,2%
2.)	N(D)A	79	25,5%
3.)	G	59	19,0%
4.)	D	26	8,4%
5.)	GD	6	1,9%
6.)	DA	3	1,0%
	Sa.	310	100 %

Wenn wir nun die Frage angehen, ob beim Kompositionstyp I in den Fällen, wo eine Wahlmöglichkeit besteht, der casus rectus oder ein casus obliquus (= Genitiv oder Dativ) gewählt worden ist, dann scheiden zunächst alle Belege aus, in denen sich <u>wegen</u> mit einem Pronomen anstelle eines Nomens verbindet. Der Grund: es besteht keine Wahlmöglichkeit, da der casus rectus ([+]<u>wegen ich</u>, [+]<u>wegen du</u>, [+]<u>wegen er</u>) eine Alternative darstellt, deren Realisierung höchst unwahrscheinlich ist. Pronomina stehen denn auch, soweit sie nicht überhaupt indeklinabel sind, in einem casus obliquus. Nach Ausscheidung der betreffenden Belege ergeben sich folgende Zahlen: NGDA: 129; N(D)A: 79; , G: 58; D: 8; GD: 0; DA: 0. Des weiteren bleiben die NGDA-Belege unberücksichtigt, weil ja auch hier keine Wahlmöglichkeit gegeben ist.

Bei den übrigen Belegen ist folgendes zu beobachten: 58 Fällen, in denen der Genitiv gewählt worden ist, stehen 79 Fälle gegenüber, in denen nicht der Genitiv, obwohl formal möglich, gesetzt ist, sondern der casus rectus (= N(D)A). Das hiesse also, dass der casus rectus ein deutliches Uebergewicht hätte. Wenn wir freilich die Eigennamen aussondern und für sich behandeln (s.u.), dann ergibt sich ein anderes Bild: 45 Genitiv-Belegen stehen nur noch 42 N(D)A-Belege gegenüber. So gesehen, ist also der Genitiv mit geringer Mehrheit dem casus rectus vorgezogen worden. Was die Art der Substantive betrifft, so handelt es sich ausschliesslich um stark deklinierte Maskulina und Neutra; gemischt deklinierte Maskulina und Neutra wären freilich nicht ausgeschlossen.

Zur Illustration einige Beispiele. Zunächst für den Fall, dass der Genitiv gewählt worden ist:

SPOERL 23 "wegen Belügens seines Lehrers";
SEGHERS, Kreuz 202 "wegen Gesangs der Frau Röder";
ENZENSBERGER 148 "wegen Hochverrates";
BRINGOLF 481 "wegen Diebstahls";
NZZ, Nr. 5569, 28.12.1967, Bl. 2 "wegen Platzmangels".

Dann einige Beispiele für den Fall, dass der casus rectus gewählt worden ist:

SEGHERS, Kreuz 312 "wegen Liebeskummer";
GRASS, Blechtrommel 673 "wegen Vertragsbruch";
OBERTHURGAUER, Nr. 42, 19.11.1969, S. 3 "wegen Schmutz";
BRINGOLF 58 "wegen Landesverrat";
NZ, Nr. 583, 16.12.1967, S. 17 "wegen Verzicht auf Strafantrag".

Dass wir Eigennamen aussondern, hat seinen guten Grund. Bei den Eigennamen wird nämlich der Genitiv nur gewählt, wenn <u>wegen</u> in Postposition rückt. Es heisst stets: <u>Evas wegen</u>, <u>Maries wegen</u>, <u>Stephans wegen</u>, nie: <u>Eva wegen</u>, <u>Marie wegen</u>, <u>Stephan wegen</u>. Sobald <u>wegen</u> dem Namen vorangeht, wird der casus rectus gewählt:

FRISCH, Gantenbein 337 "wegen Lila";
WALSER, Ehen 153 "wegen Cécile";
DODERER 406 "wegen Stangeler".

Zwei Ausnahmen sind als hyperkorrekt einzustufen:

AMBER 54 "wegen Kristins" und
NEUSS 24 "wegen Pilatussen".

Der letzte Beleg soll eine besondere, 'kabarettistische' Wirkung erzielen.

Es bleiben die 8 Dativ-Belege zu besprechen. Bis auf eine Ausnahme (STUCKI 81 "wegen ... Schlimmerem"), die wegen der Pronominaldeklination der Adjektive zu den Dativ-Belegen mit Pronomen (vgl. o.S. 80) zu stellen ist, handelt es sich in allen Fällen um den Dativ Plural starker Maskulina und Neutra. Beispiele:

SCHOENFELDT 16 "wegen Uebergewichten";
ENZENSBERGER 61 "wegen Verrats- und Staatsgefährdungsdelikten";
PETER 128 "wegen Russengeschäften";
NZZ, Nr. 5375, 13.12.1967, Bl. 5 "wegen Sprengstoffattentaten";
NZ, Nr. 594, 22.12.1967, S. 11 "wegen Gerüchen".

Diesen Dativ-Belegen stehen keine Belege gegenüber, in denen der casus rectus (= NGA) gewählt worden ist. Ganz auszuschliessen wäre ein solcher Fall nicht (+wegen Irrtümer, +wegen Uebergewichte, +wegen Gerüche), da er ja bei trotz durchaus begegnet (vgl. o.S. 53 ff.). Es scheint aber, als ob hier sehr bewusst vorgegangen werde, in dem Wunsche, unter allen Umständen einen obliquen Kasus zu wählen.

2.36 Die Kasuswahl beim Kompositionstyp I im Vergleich

Die Möglichkeit, dass die Kasuswahl beim Kompositionstyp I von Präposition zu Präposition verschieden ist, darf man nicht ausschliessen. Ob dies tatsächlich der Fall ist, wollen wir mit Hilfe der nächsten Tabelle, welche die Hauptdaten aus vorangehenden Tabellen (vgl. Tabelle 21, 34, 47 mit S. 87f.) nebeneinander-stellt, untersuchen. Es werden dabei nur Konstruktionen mit einem Nomen, nicht aber mit einem Pronomen berücksichtigt.

Tabelle 49

Gruppe	Kasus	= Fall (gem. Fig. 2)	trotz + No. Abs.	trotz + No. Rel.	während + No. Abs.	während + No. Rel.	wegen + No. Abs.	wegen + No. Rel.
1	G.Sg.	2	2	1,7%	0	0 %	58	21,1%
	N(D)A. Sg.	7 bzw. 14	59	49,1%	0	0 %	79	28,8%
2	D.Pl.	3	4	3,3%	32	74,4%	8	2,9%
	NGA.Pl.	12	3	2,5%	0	0 %	0	0 %
3	NGDA. Sg.u.Pl.	15	52	43,4%	11	25,6%	129	47,1%
		Sa.	120	100 %	43	100 %	274	100 %

Auf den ersten Blick ist zu erkennen, dass /während + Nomen/ in diesem Rahmen einen Sonderfall darstellt. Wir klammern diese Fügung darum zunächst aus der Betrachtung aus. Was aber /trotz + Nomen/ und /wegen + Nomen/ betrifft, so ist festzustellen, dass hier die Verhältnisse in einer gewissen Hinsicht übereinstimmen, in anderer Hinsicht aber divergieren. Um mit dem ersteren zu beginnen: Die Prozentzahlen für die Belege, in denen der Genitiv gewählt ist oder möglich gewesen wäre (= Gruppe 1), stimmen fast überein. Für /trotz + Nomen/ ergibt sich nämlich ein Wert von 50,8% (= 1,7% + 49,1%), für /wegen + Nomen/ ein solcher von 49,9% (= 21,1% + 28,8%). Der Rest der Belege entfällt zum grössten Teil - sowohl bei /trotz + Nomen/ als auch bei /wegen + Nomen/ - auf den Fall 15 (= Gruppe 3), und zwar mit 43,4% beziehungsweise 47,1%. Der Unterschied ist gering. Er resultiert zum Teil daraus, dass bei /trotz + Nomen/ relativ mehr Belege auf die Gruppe 2 entfallen, d.h. auf jene Fälle, in denen ein eindeutiger Dativ gewählt worden ist beziehungsweise möglich gewesen wäre. Sowohl bei /trotz + Nomen/ als auch bei /wegen + Nomen/ gleichen sich also die Kasusgruppen. Gruppe 1 und 3 vereinigen jeweils auf sich einen Anteil, der zwischen 43,4% und 50,8% liegt, während auf die Gruppe 2 nur ein geringer Prozentsatz der Belege entfällt, nämlich 5,8% (= 3,3% + 2,5%) bei /trotz + Nomen/ und 2,9% bei /wegen + Nomen/.

In welchem Punkt die Verhältnisse divergieren, dürfte schon sichtbar geworden sein. Während bei /wegen + Nomen/ die Zahl derjenigen Fälle, in denen der Genitiv gewählt worden ist, zur Zahl der Fälle, in denen der Genitiv - obwohl möglich - nicht gewählt worden ist, in einem Verhältnis von 21,1% : 28,8% steht, ergibt sich für /trotz + Nomen/ ein entsprechendes Verhältnis von 1,7% : 49,1%. Mit andern Worten: hinsichtlich des Verhältnisses zwischen casus rectus und Genitiv überwiegt bei /wegen + Nomen/ der casus rectus leicht, während er bei /trotz + Nomen/ eindeutig das Feld beherrscht. Die oben (S. 88) angebrachte Unterscheidung hinsichtlich der (Eigen-)Namen ändert dieses Bild freilich insofern, aber auch nur insofern, als durch sie der oblique Kasus bei /wegen + Nomen/ ein kleines Uebergewicht erhält (absolutes Verhältnis: 45 : 42). Etwas anders stellt sich der Fall "casus rectus oder Dativ" dar. Bei /wegen + Nomen/ weisen alle betreffenden Belege den Dativ auf (Verhältnis: 2,9% : 0,0%), bei /trotz + Nomen/ begegnet auch in einigen Fällen der casus rectus (Verhältnis: 3,3% : 2,5%). Aufs ganze gesehen dürfen wir sagen, dass bei /wegen + Nomen/ die Tendenz, einen casus obliquus zu wählen, ausgeprägter ist als bei /trotz + Nomen/.

Wir betrachten nun die Fügung /während + Nomen/. Das Entscheidende ist freilich schnell gesagt: Hier kommt nur der Dativ Plural vor, ausser natürlich in den Fällen, wo er als solcher nicht zu kennzeichnen ist.

2.37 Exkurs I: Beobachtungen zur Fügung /wegen + Nomen/

Im Vergleich mit /trotz + Nomen/ ist /wegen + Nomen/ die eigenwilligere, profiliertere Fügung. Man würde der Wirklichkeit wohl nicht ganz gerecht, wollte man sagen, dass sie eine Formel der Rechtssprache darstelle. Tatsache ist aber, dass die in dieser Fügung auftretenden Nomina häufig ein D e l i k t bezeichnen und dass dann ein Anklage- oder Verurteilungsgrund angegeben wird. In mehr als der Hälfte der Belege - die Eigennamen nicht mitgezählt - ist dies zu beobachten. Die meisten Belege für diese Fügung finden sich denn auch in Prozessberichten, wie sie vor allem der Lokalteil einer Tageszeitung bringt. Einige Beispiele:

OBERTHURGAUER, Nr. 69, 22.3.1969, S. 3 "wegen Unfugs";
Ebda., Nr. 72, 27.3.1969, S. 3 "wegen Raubes und Betrugs";
BOELL, Clown 139 "wegen Betrug, Ehebruch, Abtreibung";
Ebda. 187 (zweimal) "wegen Defätismus";
VATERLAND, Nr. 283, 6.12.1967, S. 8 "wegen Diebstahls und Körperverletzung";
ENZENSBERGER 52 "wegen ... Majestätsbeleidigung";
NZZ, Nr. 5277, 7.12.1967, Bl. 3 "wegen Störung eines öffentlichen Versorgungsbetriebes";
RAETIER, Nr. 45, 22.2.1969, S. 3 "wegen Vernachlässigung von Unterstützungspflichten";
JUNGK 198 "wegen Ueberschreitung der Verkehrsgesetze";
KASCHNITZ 38 "wegen Brandstiftung";
ZWINGLI-KALENDER 72 "wegen Unterschlagungen".

Ein weiteres sehr bezeichnendes Charakteristikum dieser Fügung besteht darin, dass auffallend viele Nomina sogenannte Nomina actionis oder acti sind. Das ist freilich nach dem Vorhergesagten nicht so verwunderlich; es decken sich denn auch die hier in Frage kommenden Belege weitgehend mit denjenigen, deren Nomen ein Delikt bezeichnet. Hinsichtlich ihrer Bildung handelt es sich um sogenannte nomina postverbalia, d.h. um Nomina, die von Verben abgeleitet sind. Im einzelnen lassen sich folgende Gruppen unterscheiden:

(a) Ablautbildungen
Unter Ablautbildungen versteht man suffixlose Substantive, die von den Stammformen starker Verben beziehungsweise - in Analogie zu den starken Verben - vom Präsens der schwachen Verben abgeleitet werden. Dafür einige Beispiele:

NZ, Nr. 567, 7.12.1967, S. 1 "wegen Diebstahls";
GRASS, Blechtrommel 673 "wegen Vertragsbruch";
NZ, Nr. 587, 19.12.1967, S. 3 "wegen Betrugs";
KALENDER PRENZLAU 43 "wegen Raubes";
W. MUSCHG 33 "wegen Teilnahme an einer Verschwörung";
OBERTHURGAUER, Nr. 72, 26.3.1969, S. 3 "wegen Totschlags";
Ebda., Nr. 55, 6.3.1969, S. 3 "wegen Uebernahme des nebenamtlichen Gemeindeammannamtes".

(b) Substantivierte Infinitive
Substantivierte Infinitive begegnen verhältnismässig oft. Auch dafür einige Beispiele:

NZ, Nr. 573, 11.12.1967, S. 17 "wegen Fahrens in angetrunkenem Zustand";
Ebda., Nr. 575, 12.12.1967, S. 1 "wegen Einschmuggelns poetischer Werke aus dem Ausland";
OBERTHURGAUER, Nr. 69, 22.3.1969, S. 3 "wegen Führens eines Kleinmotorrades ohne Papiere und Schild";

JOHNSON 86 "wegen Ueberholen".

(c) Suffixbildungen

(ca) Suffix -ung

Die hierhergehörigen Substantive, abgeleitet von einem Verbum unter Zuhilfenahme
des Suffixes -ung, machen einen grossen Teil der in den Belegen auftretenden
Nomina (ohne Eigennamen) aus, nämlich ca. 25%. Folgende Beispiele seien wiedergegeben:

NZZ, Nr. 5591, 30.12.1967, Bl. 5 "wegen Erreichung der Altersgrenze";
BECHER 363 "wegen Aufbewahrung von Waffen";
SIEBURG 108 "wegen Verschwendung von Tuch";
NZ, Nr. 583, 16.12.1967, S. 17 "wegen Körperverletzung mit einem gefährlichen
Werkzeug";
Ebda., Nr. 593, 22.12.1967, S. 9 "wegen Dienstverweigerung";
RAETIER, Nr. 26, 31.1.1969, S. 3 "wegen Nötigung";
ENZENSBERGER 50 "wegen Vorbereitung zum Hochverrat";
FAZ, 20.4.1967, S. 1 "wegen Friedensstörung";
WALSER, Ehen 135 "wegen Testamentsanfechtungen".

(cb) Suffix -erei

Weniger zahlreich sind die Bildungen auf -erei vertreten, nämlich viermal:

GRASS, Blechtrommel 293 "wegen Freischärlerei";
Ebda. 216 "wegen Hexerei";
RAETIER, Nr. 36, 12.2.1969, S. 3 "wegen Schiessereien";
ULRICI, 39 "wegen Quacksalberei".

Schliesslich noch eine letzte Beobachtung. Sie betrifft die Morphologie, wobei die
Semantik allerdings letzten Endes wohl dafür verantwortlich ist. Gemeint ist die
Tatsache, dass viele Nomina keinen Plural bilden können, dass - anders gesagt -
viele Nomina Singularia tantum sind. Dazu gehören die eben beschriebenen nomina
actionis und acti, die als sogenannte Abstrakta einen Plural, wenn überhaupt, nur
dann bilden können, "wenn sie zum Konkretum, zu einer zählbaren, umrissenen
Einzelerscheinung, zu einer Spielart werden" (26a). Andere Nomina kommen hinzu, vor
allem eben Abstrakta, bei denen zwei Gruppen besonders ins Auge fallen: die mit
dem Suffix -keit (RAETIER, Nr. 38, 14.2.1969, S. 7 "wegen ... Verdienstunmög-
lichkeit"; KUEBLER 62 "wegen Talentlosigkeit"; JOHNSON 76 "wegen Unbotmässig-
keit"; DODERER 174 "wegen Tüchtigkeit"; STRITTMATTER 337 "wegen Gerechtig-
keit") und mit dem Suffix -heit (RAETIER, Nr. 41, 18.2.1969, S. 3 "wegen Fahr-
gelegenheit"; NZZ, Nr. 5552, 27.12.1967, Bl. 1 "wegen Ferienabwesenheit";
KAESTNER 25 "wegen Feigheit"; FAZ, 20.4.2967, S. 1 "wegen Krankheit"). Aber
auch sogenannte Konkreta sind hier aufzuzählen, etwa: FRISCH, Gantenbein 133
"wegen Rauch"; ebda. 184 "wegen Glatteis"; OBERTHURGAUER, Nr. 42, 19.12.
1969, S. 3 "wegen Schmutz"; FRISCH, Gantenbein 134.341 [zweimal] "wegen
Nebel"). Es handelt sich, wie man leicht erkennt, um sogenannte "Stoffnamen",
die nur im Singular stehen, "wenn sie ganz allgemein die formlose Masse ohne
'Individualität', ohne Gestalt bezeichnen" (27).

2.38 Exkurs II: wegen als Postposition

Es ist bekannt, dass wegen zu denjenigen Präpositionen wie zum Beispiel gegenüber, gemäss, entlang, zufolge, zu(un)gunsten gehört, die auch als Postposition
auftreten können. Einige Beispiele:

DODERER 119 "der Gefahr einer Aufreizung wegen";
SZONDI 46 "ihrer reinen Innerlichkeit wegen";
GRASS, Blechtrommel 255 "der Polnischen Post wegen";
BECHER 41 "seiner Kurzsichtigkeit und Schmächtigkeit wegen";
ZWINGLI-KALENDER 32 "der kühlen Witterung wegen";
KUEBLER 124 "seiner arbeiterfreundlichen Haltung wegen";
JOHNSON 23 "der Redlichkeit wegen";
LERNET-HOLENIA 25 "deiner militärischen Tugenden wegen";
GUGGENHEIM 45 "mangelnder Kenntnis der Sprache wegen";
HAUSMANN, Andreas 19 "des Reimes wegen";
HARMS 29 " 'des Geldes wegen' ".

In unserem Material hat das nachgestellte wegen, aufs ganze gesehen, einen Anteil von ca. 14%. Im einzelnen ergeben sich folgende Verhältnisse:

Tabelle 50

Politisches Gebiet	wegen als			
	Präposition		Postposition	
	Abs.	Rel.	Abs.	Rel.
Schweiz	624	86,5%	97	13,5%
West-Deutschland	487	85,3%	84	14,7%
Ost-Deutschland	125	93,3%	9	6,7%
Oesterreich	120	78,4%	33	21,6%
Sa.	1356	85,9%	223	14,1%

Dass sich hier eine schweizerische Besonderheit zeigen würde, war kaum zu erwarten, eher das Gegenteil, was denn auch diese Tabelle bestätigt: Präposition
und Postposition vereinigen sowohl im schweizerdeutschen als auch im binnen(=west)-
deutschen Korpus ungefähr die gleichen Anteile auf sich, indem das westdeutsche
Korpus ein Verhältnis von ca. 85% : 15% und das schweizerdeutsche Korpus ein
Verhältnis von ca. 87% : 14% aufweist. Die beiden anderen Teilkorpora weisen im

Vergleich damit grössere Abweichungen auf, auch das - wegen der kleineren Stichproben - nicht überraschend.

Was die Kasuswahl bei der Postposition betrifft, so ist ebenfalls bekannt, dass mit grosser Konsequenz nur der Genitiv gewählt wird (28). Unsere Erhebung bestätigt dies: in 147 (= 65,9%) Fällen liegt eindeutiger Genitiv vor, in 75 (= 33,6%) ist der Genitiv formal nicht vom Dativ zu unterscheiden, und nur ein einziger Fall ist als casus rectus zu deuten. Der Anteil der GD-Belege stimmt übrigens fast genau mit dem für das Gesamt der wegen-Belege ermittelten Anteil von 35,3% überein (vgl. Tabelle 35).

Im folgenden wollen wir der Frage nachgehen, ob die Wahl zwischen Prä- und Postposition durch irgendwelche Faktoren gesteuert wird. Die erste Frage lautet darum: Gibt es zwingende Gründe, welche die Wahl der Postposition erfordern und die Präposition ausschliessen? Eine entsprechende Ersatzprobe hat ergeben, dass es solche Gründe nicht gibt, dass vielmehr in jedem Fall auch die Präposition hätte gewählt werden können. Mit andern Worten: Die Postposition stellt als rein formale Variante der Präposition wegen eine Bereicherung des sprachlichen Inventars dar, die man einerseits als nicht-notwendig und darum redundant ansehen kann, die aber andererseits dem stilbewussten, auf Abwechslung bedachten Schreiber willkommen sein mag. Bei den meisten Autoren kommt sie denn auch nur hin und wieder vor, bei einigen (z.B. GRASS und KUEBLER) wird sie häufig gewählt, wenn nicht sogar bevorzugt (z.B. bei HARMS und WEHRLI). Diese Beobachtung mag in unserem Rahmen freilich als ziemlich belanglos erscheinen, in einer Untersuchung über den Individualstil aber könnte sie ein genau zu fassendes Mosaiksteinchen zu einem grösseren Gesamtbild liefern.

Zu erwähnen ist noch, dass in der Gattung "Zeitung" und in den unter "Verschiedenes" zusammengefassten Texten die Postposition weniger oft gewählt worden ist als in den andern Gattungen. In den Erzählungen tritt sie beispielsweise mit ca. 20% der wegen-Belege auf, in den Zeitungen aber nur mit ca. 4%, bezeichnend für den Stil der beiden Gattungen.

Wir haben gefragt, ob statt der Postposition auch die Präposition hätte gewählt werden können. Nun wollen wir die umgekehrte Frage stellen: Hätte statt der Präposition auch die Postposition gewählt werden können oder gibt es Faktoren, welche die Wahl der Postposition verhindern? Das Ergebnis der Ersatzproben sieht folgendermassen aus: In ca. 80% der Belege lässt sich die Präposition durch die Postposition ersetzen, in ca. 20% aber nicht. Bei diesen 20% handelt es sich in der Hauptsache, nämlich in ca. 90% der betreffenden 255 Belege, um Fügungen, die dem Kompositionstyp I angehören. Es heisst wegen Krankheit, wegen Spionage, wegen Trunksucht, wegen Defätismus, wegen Nebel, wegen Taubengeflatter, nicht aber Krankheit wegen, Spionage wegen, Trunksucht wegen, Defätismus wegen, Nebel wegen, Taubengeflatter wegen. Ob Fügungen wie Nebels wegen und Taubengeflatters wegen ganz ausgeschlossen sind, bleibe dahingestellt; in unserem Material begegnen sie jedenfalls nicht. Die restlichen Belege stellen ausgesprochene Sonderfälle dar, wie zum Beispiel wegen mittags, wegen gestern, wegen Feind hört mit, aber auch wegen sonst gar nichts, wegen irgend etwas, (die Sache,) wegen welcher, wo eine postpositionale Fügung nach dem Muster von seinetwegen nicht möglich ist.

Schliesslich erzwingt die Kopplung von wegen mit der Präposition trotz in einigen
Fällen die Voranstellung von wegen: trotz oder gerade wegen des Fernsehens. Eine
Reihe von Zweifelsfällen gestattet nicht immer eine eindeutige Ja-Nein-Entschei-
dung, und zwar handelt es sich fast durchgehend um Fälle, in denen das von wegen
abhängige Substantiv stark erweitert ist. Dafür drei Beispiele:
BRINGOLF 318 "wegen der Nichtwahl des sozialdemokratischen Stadtpräsidenten
von Zürich, Klöti, zum Bundesrat";
GUGGENHEIM 78 "wegen der auf der ganzen Fassade geschlossenen Jalousien und
der grossen Nummernschilder über den Haustüren";
KUEBLER 160 " 'Wegen des Kinderglaubens an solche Unwahrscheinlichkeiten, wie
Ihr Stück sie auftischt.' "
In diesen und ähnlichen Fällen dürfte die Postposition kaum in Frage kommen.

3. Schluss

3.1 Vertrauensbereiche

Unserer Untersuchung lag die Ausgangshypothese zugrunde, dass nach den drei
Präpositionen trotz, während und wegen in der schweizerdeutschen Schriftsprache
der Gegenwart der Dativ relativ häufiger anzutreffen sei als in der binnen(=west)-
deutschen Schriftsprache. Diese Hypothese ist bestätigt worden. Der Anteil des
Dativs in den schweizerdeutschen Belegen ist jedoch nicht überall gleich gross.
Das zeigt noch einmal die folgende Uebersicht, in der den schweizerdeutschen Dativ-
Anteilen auch die westdeutschen gegenübergestellt werden:

Tabelle 51

Präposition	Schweiz	West-Deutschland	Differenz
trotz	31,5%	15,9%	15,6%
während	19,8%	0,9%	18,9%
wegen	10,9%	3,5%	7,4%

Die Reihenfolge, in der die drei Präpositionen aufgeführt sind, entspricht ihrer
Rangfolge, gemessen an dem Anteil, den der Dativ in der schweizerdeutschen
Stichprobe jeweils auf sich vereinigt. Bemerkenswert ist, dass trotz auch bei den
westdeutschen Belegen den grössten Dativ-Anteil aufweisst. Bei während und wegen
fällt hier der Dativ allerdings kaum ins Gewicht.

Obige Tabelle gibt den prozentualen Anteil wieder, den der Dativ jeweils in den Stichproben auf sich vereinigt. Zumindest für die Schweiz werden aber die entsprechenden Vertrauensbereiche von Interesse sein, d.h. die Hochrechnungen auf die Grundgesamtheit im sogenannten Repräsentationsschluss. Bei einem Signifikanzniveau von p = 95,5% (Irrtumswahrscheinlichkeit bei diesem Ansatz = 4,5%) lassen sich folgende Vertrauensbereiche errechnen:

für <u>trotz</u> (Standardabweichung σ_p = 2,2) : 27,1 - 35,9%;
für <u>während</u> (Standardabweichung σ_p = 1,46) : 16,9 - 22,7%;
für <u>wegen</u> (Standardabweichung σ_p = 1,15) : 8,7 - 13,2%.

Das ergibt folgendes Bild:

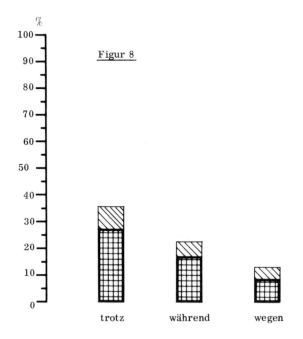

Schliesslich seien auch noch die Vertrauensbereiche für die Differenzen zwischen den schweizerdeutschen und westdeutschen Dativ-Anteilen bekanntgegeben. Für <u>trotz</u> weist Tabelle 51 eine Differenz von 15,6% aus; der Vertrauensbereich liegt dann mit einem Sicherheitsgrad von 95,5% (Irrtumswahrscheinlichkeit bei diesem Ansatz = 4,5%) zwischen 9,8 und 21,4%. Für <u>während</u> hat sich eine Differenz von

18,9% ergeben; der Vertrauensbereich liegt bei gleichem Sicherheitsgrad zwischen 15,6 und 22,0%. Im Falle von wegen wurde eine Differenz von 7,4% ermittelt. Bei gleichbleibendem Sicherheitsgrad liegt der Vertrauensbereich zwischen 4,6 und 10,2%. In Tabellenform:

Tabelle 52

Präposition	Differenz Schweiz - Westdeutschland	Vertrauensbereich
trotz	15,6%	9,8 - 21,4%
während	18,9%	15,9 - 22,0%
wegen	7,4%	4,6 - 10,2%

3.2 Uebereinstimmungen

Wir haben Unterschiede in der Kasuswahl nach den drei Präpositionen trotz, während und wegen festgestellt. Diese Unterschiede betrafen die Wahl des Dativs und damit auch - in zwei Fällen (trotz und während) jedenfalls - die Wahl des Genitivs. Im übrigen scheinen die Verhältnisse gleich zu sein, d.h. genauer: das Verhältnis der eindeutigen Fälle (= Genitiv und Dativ) zu den mehrdeutigen insgesamt und zu den GD- und den restlichen Fällen im besonderen (wobei die letzteren ja fast ausschliesslich den casus rectus darstellen). Ob dem aber tatsächlich so ist, wollen wir im folgenden prüfen.

(a) Zunächst die Präposition trotz. Wir vergleichen die Verteilung der Belege auf die drei Variablen "Eindeutige Fälle (= Genitiv und Dativ)", "GD" und "N(D)A etc.", und zwar für die Schweiz, für West-Deutschland und für das Total aller vier Stichproben. Die folgende Tabelle stellt die drei zu vergleichenden Werte-Reihen zusammen:

Tabelle 53

Politisches Gebiet	Eindeutige Fälle (G + D)	GD	N(D) A etc.
Schweiz	53,1%	36,9%	10,2%
West-Deutschland	54,7%	34,1%	11,2%
Total	54,2%	34,2%	11,7%

Das geometrische Bild dieser Verteilungen gibt Figur 9 wieder:

98

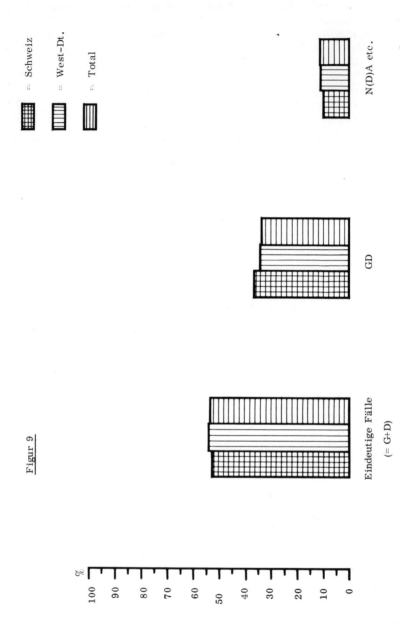

Figur 9

Die Unterschiede sind nicht zu übersehen. Trotzdem beeindruckt dieses Bild eher durch das Mass der Uebereinstimmungen als durch die Abweichungen, welche ja bei Zufalls-Stichproben nicht ausbleiben, auch wenn die Stichproben der gleichen Population entnommen sind. Um nun zu prüfen, ob die Abweichungen tatsächlich nur zufällig sind oder ob sie Unterschiede in den Populationen zum Ausdruck bringen, führen wir wieder den Chi-Quadrat-Test durch. Allerdings ersparen wir es uns, die umfänglichen Berechnungen hier wiederzugeben. Wir erhalten ein $\chi^2 = 1,30$. Bei 4 Freiheitsgraden ist für den Fall der Nullhypothese mit 20% Wahrscheinlichkeit ein $\chi^2 = 5,98$ oder grösser zu erwarten. Bei $\chi^2 = 1,30$ ist die Wahrscheinlichkeit dann noch grösser (p > 20%). Das bedeutet aber, dass die Abweichungen stichprobenbedingt und damit zufällig sind. Die Nullhypothese ist auf dem 20%-Niveau bestätigt.

(b) Für während ergibt sich folgende Werte-Verteilung:

Tabelle 54

Politisches Gebiet	Eindeutige Fälle (G + D)	GD	N(D)A etc.
Schweiz	59,3%	37,7%	2,7%
West-Deutschland	56,4%	41,7%	2,0%
Total	58,0%	39,7%	2,4%

Dem entspricht folgendes Säulen-Diagramm:

100

Figur 10

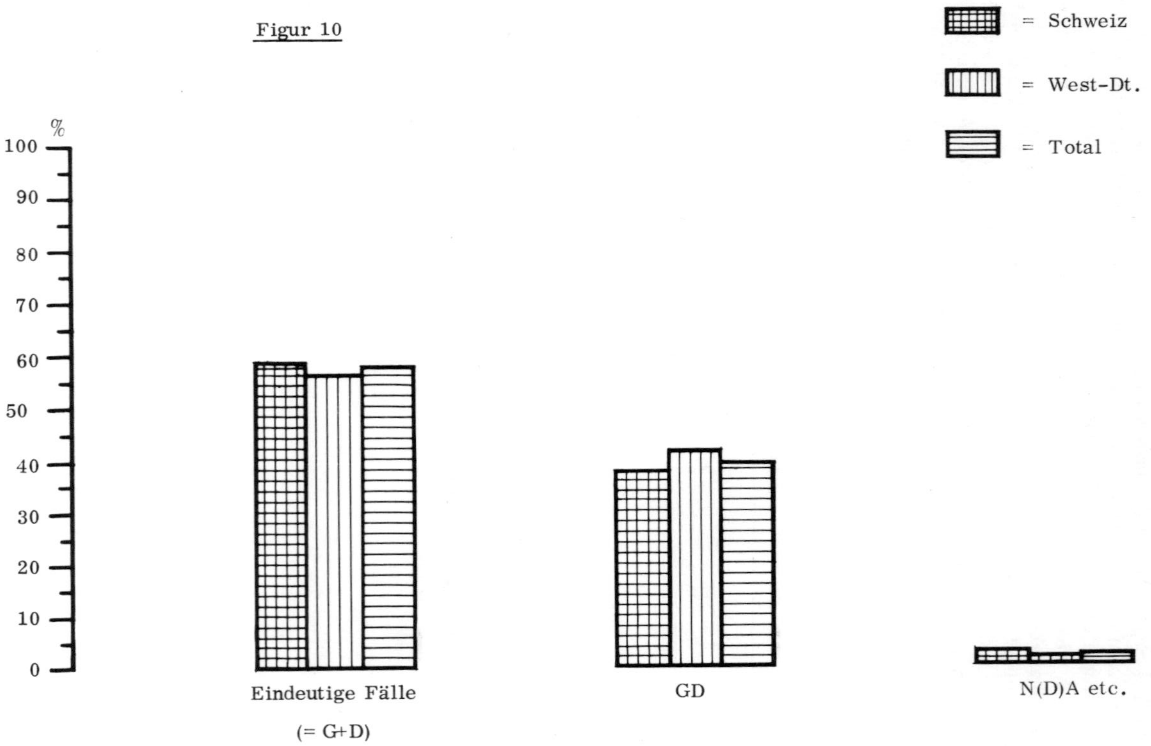

Auch hier beeindrucken die Uebereinstimmungen mehr als die Differenzen. Der Chi-Quadrat-Test bestätigt denn auch die Vermutung, dass die Abweichungen nur zufälliger Art sind. Wir erhalten nämlich ein $\chi^2 = 2,9$. Wie oben schon einmal gesagt, beträgt bei 4 Freiheitsgraden die Wahrscheinlichkeit - im Fall, dass die Nullhypothese gültig ist - schon 20%, dass man ein $\chi^2 = 5,98$ oder grösser erhält. Also ist bei einem $\chi^2 = 2,9$ die Wahrscheinlichkeit für ein zufälliges Zustandekommen der Differenzen grösser als 20% (p > 20%). Die Nullhypothese ist bestätigt, und zwar auf dem 20%-Niveau. Zwischen den drei Stichproben beziehungsweise den Grundgesamtheiten, denen sie entnommen sind, besteht kein signifikanter Unterschied. Anders gesagt: Es handelt sich stets um ein und dieselbe Population.

(c) Für <u>wegen</u> gibt Tabelle 55 die Verteilungen wieder:

Tabelle 55

Politisches Gebiet	Eindeutige Fälle (G + D)	GD	N(D)A etc.
Schweiz	52,0%	33,6%	14,4%
West-Deutschland	46,9%	38,2%	15,0%
Total	50,0%	35,3%	14,6%

Das folgende Säulen-Diagramm veranschaulicht diese Verteilungen:

Figur 11

Das Ergebnis sieht auf den ersten Blick nicht anders aus als in den beiden vorangehenden Fällen. Wir prüfen darum gleich, ob die Abweichungen zufällig sind oder nicht. Der Chi-Quadrat-Test ergibt ein $\chi^2 = 3,57$, einen Wert also, der niedriger ist als derjenige Wert, den wir bei Gültigkeit der Nullhypothese mit 20% Wahrscheinlichkeit erwarten dürfen, nämlich 5,98 oder grösser. Die Nullhypothese wird bestätigt (auf dem 20%-Niveau), die Unterschiede sind nur zufällig.

Die hier festgestellten Uebereinstimmungen sind erstaunlich, waren aber zu erwarten, da es für das Gegenteil keinen Grund oder Hinweis gibt. Umso mehr dürfen wir darauf vertrauen, Masszahlen ermittelt zu haben, welche mit einem hohen Grad an Genauigkeit die Parole der gegenwärtigen deutschen Schriftsprache in dem hier betrachteten Ausschnitt kennzeichnen. Vergleichshalber seien für die einzelnen Präpositionen noch einmal die Hauptdaten zusammengestellt. Wir stützen uns dabei auf die für das Total aller vier Stichproben ermittelten Werte (vgl. Tabelle 53-55) und geben gleich die Vertrauensbereiche an (Signifikanzniveau = 99%, Irrtumswahrscheinlichkeit bei diesem Ansatz = 1%):

Tabelle 56

	trotz	während	wegen
Eindeutige Fälle (= G + D)	54,20% 50,14 – 58,26%	58,00% 54,77 – 61,23%	50,00% 46,75 – 53,25%
GD	34,20% 30,34 – 38,06%	39,70% 36,50 – 42,90%	35,30% 32,20 – 38,40%
N(D)A etc.	11,70% 9,08 – 14,32%	2,40% 1,40 – 3,40%	14,60% 12,31 – 16,89%

Figur 12 macht diese Verhältnisse anschaulich:

104

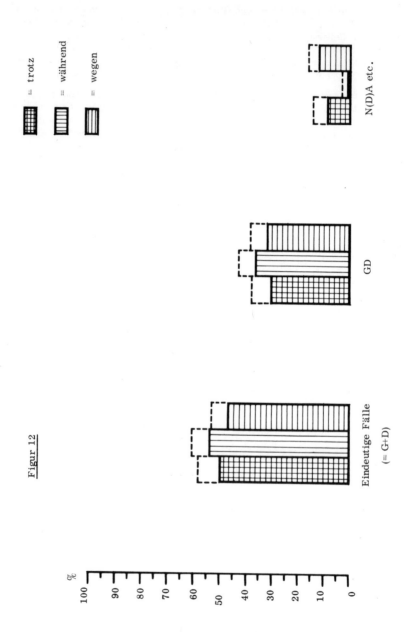

Figur 12

= trotz

= während

= wegen

Eindeutige Fälle
(= G+D)

GD

N(D)A etc.

Bei trotz und wegen herrschen in etwa die gleichen Verhältnisse: die "eindeutigen
Fälle" (= Genitiv und Dativ) vereinigen rund die Hälfte der Belege auf sich, der
Fall "Genitiv oder Dativ" rund ein Drittel, und die übrigen Fälle, vor allem der
casus rectus, sind in etwas mehr als 10% der Belege anzutreffen. während verhält
sich insofern anders, als es sich in einem geringeren Masse mit dem casus rectus
verbindet. Das kommt dann sozusagen den "eindeutigen Fällen" und dem Fall
"Genitiv oder Dativ" zugute, die hier etwas höhere Prozentsätze aufweisen als bei
trotz und wegen. Ein Vergleich mit entsprechenden Zahlen für frühere Sprachstufen
wäre nun vielleicht lohnend und liesse uns unter Umständen neue Erkenntnisse über
Art und Richtung der sprachlichen Entwicklung gewinnen. Dies nur noch als An-
regung; auf die Ausführung müssen wir in diesem Rahmen wegen der umfangreichen
Vorarbeiten verzichten.

3.3 Empfehlungen zur Rektion von trotz, während und wegen

Unsere eigentliche Aufgabe ist rein deskriptiver Art gewesen. Wir wollen zum
Schluss aber noch die Frage aufnehmen, wie unsere Ergebnisse im Sinne der
normativen Grammatik zu verwerten, welche 'Sprach-Regeln' daraus zu gewinnen
sind, und zwar im Hinblick auf die schweizerdeutsche Form der Schriftsprache.
Indem wir so einschränken, treffen wir auch eine Entscheidung von grundsätzlicher
Art: Wir anerkennen jene Sonderform der deutschen Schriftsprache, wie sie in der
Schweiz gebräuchlich ist. D.h. wir lassen uns bei der Aufstellung der Regeln nicht
- beziehungsweise: nicht nur - vom binnendeutschen, sondern vom schweizerdeutschen Sprachgebrauch leiten. Dass man so verfährt, ist durchaus nicht selbst-
verständlich. Man könnte sich nämlich vorstellen, dass es Forscher, auch schweizerische, gibt, die auf die Vorteile einer einheitlichen Schriftsprache hinweisen und
darum die Beseitigung der schweizerdeutschen Besonderheiten fordern würden.
Wie gesagt, wir gehören nicht dazu.

In praxi wird der Schweizer allerdings wohl zu berücksichtigen haben, an wen er
sein Schreiben richtet. Ist der Adressat ein Landsmann, wird er sich ohne Einschränkung der schweizerdeutschen Formen bedienen, ist der Adressat aber ein
'Binnendeutscher', wird er sich überlegen müssen, welche Helvetismen zu meiden
sind. Wir denken hier vor allem an die Schriftsteller und Dichter, die ein grosses
Publikum ansprechen möchten, über die Schweizer Grenzen hinaus. Das Vermögen,
so zu differenzieren, setzt freilich voraus, dass die Helvetismen vorher erforscht
und bewusst gemacht worden sind. Auch dieser Gesichtspunkt mag Arbeiten wie
die unsrige rechtfertigen.

Wir möchten nun schweizerdeutschen Grammatiken folgende Empfehlungen zur
Kasuswahl nach trotz, während und wegen vorlegen. Falls und und soweit die
Grammatiken die Rektion der drei Präpositionen schon im Sinne dieser Empfeh-
lungen beschreiben, sind sie als Bestätigungen aufzufassen.

Zur Rektion von trotz:

(1) Grundregel:
Nach trotz kann grundsätzlich der Genitiv oder der Dativ stehen.

(2) Einschränkungen:
(a) Die Verbindung trotz allem (alledem, all dem) erfordert den Dativ.
(b) Beim Kompositionstyp I stehen (Eigen-)Namen und stark beziehungsweise gemischt deklinierte Substantive im casus rectus.

Zur Rektion von während:

(1) Grundregel:
Nach während ist grundsätzlich der Genitiv zu wählen.
(2) Einschränkungen:
(a) In Verbindungen von der Art während (zehn) Jahren wird der Dativ gewählt, soweit er als solcher zu kennzeichnen ist.
(b) Für den Kompositionstyp I gilt allgemein: In substantivischen Verbindungen steht der Dativ, sofern er als solcher zu kennzeichnen ist, in pronominalen Verbindungen der Genitiv, vor allem im Falle des Plurals.

Zur Rektion von wegen:

(1) Grundregel:
wegen erfordert grundsätzlich den Genitiv, vor allem wenn es nachgestellt ist.
(2) Einschränkungen:
(a) In Pronominalverbindungen (einschliesslich Adjektivverbindungen) steht der Dativ.
(b) Beim Kompositionstyp I ist im Falle eines stark oder gemischt deklinierten singularischen Substantivs die Wahl zwischen casus rectus und Genitiv frei. Im Falle, dass es sich bei dem Nomen um einen substantivierten Infinitiv handelt, ist der Genitiv zu bevorzugen. (Eigen-)Namen stehen ausschliesslich im casus rectus. Bei stark deklinierten pluralischen Maskulina und Neutra wird der Dativ gewählt.

Es sei noch einmal betont, dass wir nur Empfehlungen zur Rektion der drei Präpositionen geben wollen, besser vielleicht noch: Vorschläge. Ob man ihnen dort, wo sie von dem bisher Vertretenen abweichen (29), folgen oder ob man aus der Statistik andere, unter Umständen auch differenziertere Regeln ableiten will, bleibt freigestellt. Wir sind uns nämlich bewusst, dass unsere Vorschläge auf Bewertungen des Zahlenmaterials beruhen, über die man von Fall zu Fall durchaus anderer Meinung sein kann.

Jede Bewertung der Zahlen hat sich mit der im Anfang gestellten Frage (vgl. o.S. 19) auseinanderzusetzen, ob eine schweizerdeutsche Besonderheit vorliegt oder ob es sich schlicht um Rektionsunsicherheiten handelt. Wir sind der Meinung - und diese Meinung kommt in den Empfehlungen zum Ausdruck -, dass im Schweizerdeutschen die Rektion von trotz schwankend, dass aber nach während und wegen der Genitiv als fest eingebürgert anzusehen ist, was natürlich nicht ausschliesst, dass gewisse Sonderfälle ihr eigenes Recht beanspruchen können. Alles, was sich auf diese Weise nicht erfassen und einordnen lässt, muss dann wohl als Ausdruck einer zuweilen beträchtlichen Rektionsunsicherheit gedeutet werden.

Anhang:
Statistik und Strukturanalyse
Ueber den Widerstreit zweier Kriterien

Die letzten Ueberlegungen führen geradewegs auf die Frage nach der sprachlichen
Norm und im besonderen auf die Frage, welche Rolle die Statistik bei der Lösung
der damit verbundenen Probleme spielen kann und soll. Der folgende Beitrag be-
schäftigt sich mit diesen Fragen in Hinsicht auf zwei klassische Sprachpflegefälle,
und zwar unter dem Gesichtspunkt, dass zwei Kriterien, Frequenz und System-
gemässheit, einander widersprechen können. Da Arbeiten wie die hier vorgelegte
sich fast immer diesen und ähnlichen Fragen gegenübersehen, wenn es um die
Nutzanwendung geht, mag es dienlich sein, diesen Beitrag in einem Anhang noch
einmal wiederzugeben (30).

1. Einleitung

Die Frage, ob und wie Sprachpflege betrieben werden kann, ist eine Frage der
'angewandten' Sprachwissenschaft, deren Ergebnisse sich in der sogenannten
normativen Grammatik niederschlagen. Während die deskriptive Linguistik sich
darauf beschränkt, die Fakten zu sammeln, zu sichten und zu ordnen, anders
gesagt: festzustellen, w i e man spricht, geht es der 'angewandten' Sprachwissenschaft darum, Vorschriften auszuarbeiten, wie man sprechen s o l l. Die damit
angeschnittenen Probleme erfreuen sich zur Zeit, nach den vielen diesbezüglichen
Veröffentlichungen zu schliessen, einer grossen Aufmerksamkeit. Früher oder
später wird dabei die Frage gestellt, welche Kriterien für eine Empfehlung aus-
schlaggebend sein sollen. Es bieten sich unter anderen an: Struktur- oder System-
gemässheit, Häufigkeitszählungen der Statistik, Zweckmässigkeit (Vereinfachung
und Verbesserung des Systems), ästhetische und ethische Massstäbe, ehrwürdiges
Alter, Gebrauch bei hervorragenden Schriftstellern, Dichtern und Gelehrten (31).
Keiner dieser Gesichtspunkte dürfte für sich alleinige Gültigkeit beanspruchen
können, doch wird man die beiden ersteren (Strukturgemässheit und Statistik) als
die wichtigsten betrachten und ihnen deshalb ein grösseres Gewicht zugestehen
müssen. Beide leiten ihre Autorität aus derselben Quelle her: aus der Reflexion
über das Wesen der Sprache. Man hat erkannt, dass die Sprache ein - in sich
strukturiertes - System von Zeichen darstellt, das durchgehend auf freier Konvention beruht und in diesem Sinne einen arbiträren Charakter hat. Dementsprechend
argumentiert das Kriterium der Strukturgemässheit mit dem Aufweis, dass eine
sprachliche Erscheinung sich in das geltende System einfügt, während das Kriterium der Statistik das Gesetz der Konvention ins Feld führt, der grundsätzlich
freien Uebereinkunft innerhalb der Sprachgemeinschaft also. Gegebenenfalls weist
sie die Ansprüche des 'Logikers' mit dem Hinweis auf den arbiträren Charakter
der Sprache zurück. Damit ist schon angedeutet, dass beide Kriterien miteinander
in Widerstreit geraten, dass sie miteinander konkurrieren können. Das Folgende
will dafür Beispiele geben, ohne dass freilich versucht wird, die betreffenden
Fälle - es handelt sich sozusagen um zwei klassische Fälle der Sprachpflege -
letztlich zu entscheiden.

2. Zwei klassische Fälle der Sprachpflege

2.1 Fall 1: brauchen mit oder ohne zu?

"Wer brauchen ohne zu gebraucht, braucht brauchen gar nicht zu gebrauchen." So lautet ein bekannter Merkspruch, mit dem Sprachpflege und normative Grammatik die Frage beantwortet haben und zum Teil auch heute noch beantworten, ob der Infinitiv nach brauchen mit oder ohne zu anzuschliessen sei. Der Sinn dieses Spruches: Der Anschluss des Infinitivs muss mit zu erfolgen, der Anschluss ohne zu ist falsch. In dieser strengen Formulierung, die keine Ausnahmen gestattet, findet sich die Regel - ich nenne nur einige Werke, stellvertretend für viele andere - in der Grammatik von W. Jung (32), in der "Deutschen Sprachlehre für Ausländer" von H. Griesbach und D. Schulz (33) und im sprachlichen Ratgeber des Bertelsmann-Verlages ("Gutes Deutsch in Schrift und Rede") (34), wo auch der genannte Merkspruch noch zu finden ist.

Die Regel gilt freilich heute nicht mehr unangefochten; ihre Strenge wird gemildert oder auch ganz aufgehoben, und zwar unter strukturellen Gesichtspunkten. So wertet etwa die neue Duden-Grammatik die Verwendung von brauchen mit dem reinen Infinitiv noch als "umgangssprachlich" (35). Sie stellt den Fall jedoch in einen bestimmten Zusammenhang, indem sie ihn jenen Infinitivkonstruktionen zuordnet, die eine nicht genau abgrenzbare "Uebergangszone" bilden, und glaubt deshalb, dass dem Anschluss mit reinem Infinitiv gegenüber "zum mindesten Toleranz geboten" sei. H. Kolb dagegen verwirft die fragliche Regel in seinem Aufsatz "Ueber brauchen als Modalverb" völlig: Einzig die Fügung ohne zu sei "angemessen" (36). Er versucht, dieses Urteil mit dem Nachweis zu begründen, dass brauchen sowohl semantisch als auch morphologisch und syntaktisch der Gruppe der Modalverben angehöre. Semantisch, da es mit der Bedeutung 'nötig haben' "in die semantische Stelle eingerückt [ist], die in früheren Zeiten der deutschen Sprachgeschichte das Verbum dürfen innegehabt hatte, bevor es zum blossen Modalverb mit der semantischen Qualität 'die Erlaubnis haben zu' wurde". Morphologisch, indem es "auch im Niederdeutschen in die schwache Flexionsweise übergetreten ist, die sich von derjenigen der Modalverben, welche (bis auf wollen, das sich ihrem Flexionstyp ebenfalls angeglichen hat) von Haus aus Präteritopräsentien sind, mittlerweile nur noch darin unterscheidet, dass ihr die (durch Ablaut und kombinatorische Lautwandel bedingte) Vokalverschiedenheit in der Wurzelsilbe fehlt". Syntaktisch, indem es "gewisse syntaktische Verfahrensweisen des Verbums dürfen" übernommen hat, "vor allem wohl die in unserem Zusammenhang wichtige Konstruktion der präpositionslosen, 'reinen' Anknüpfung eines Infinitivs, die diesem Verbum ... von jeher eigen ist" (37). Das klingt sehr überzeugend, so überzeugend, dass sich P. Grebe, der Leiter der Duden-Redaktion, in seinem Aufsatz "Sprachnorm und Sprachwirklichkeit" dem Urteil von Kolb anschliesst und bereit ist, "eine sprachliche Erscheinung [eben den Infinitivanschluss ohne zu nach brauchen], die im Widerspruch zur bisherigen Norm steht, dann anzuerkennen, wenn sie sprachgerecht ist, d.h. wenn sie sinnvoll in das geltende Bezugssystem unserer Sprache eingeordnet werden kann" (38).

Wesentlicher vorsichtiger als Kolb und Grebe drückt sich Hennig Brinkmann in

seinem Buch "Die deutsche Sprache" aus. Er schreibt: "Einstweilen wird man
zwar brauchen als negative Entsprechung zu müssen beachten, es aber nicht in
das Modalfeld einbeziehen" (39). Dieses zurückhaltende Urteil stützt sich - unter
Hinweis auf G. Bechs "Studien über das deutsche verbum infinitum" - auf die
Beobachtung, dass in der "Insel der grossen Mutter" von G. Hauptmann zwar der
Infinitiv ohne zu angeschlossen wird, bei Th. Mann jedoch der Anschluss mit zu
die Regel ist. Damit führt Brinkmann einen Gesichtspunkt ein, den Kolb und Grebe
zwar nicht übersehen - letzterer verweist auf die Belegsammlung der Duden-
Redaktion -, dem sie aber kein so grosses Gewicht beimessen wie Brinkmann: die
Statistik, welche den tatsächlichen Sprachgebrauch aufdeckt oder, um mit Grebe
zu sprechen, die "Sprachwirklichkeit". Wie sieht diese "Sprachwirklichkeit" für
den Fall brauchen heute aus? Weder Bech, dessen Studien sich im übrigen dadurch auszeichnen, dass sie sich auf ein umfangreiches Belegmaterial stützen,
noch Grebe geben genaue Zahlen an. Zudem kann man gegenüber der Zusammen-
stellung des Bechschen Korpus erhebliche Einwände geltend machen, die wenigstens
teilweise auch gegen die Sammlungen der Duden-Redaktion vorgebracht werden
müssen, da diese nach einem kaum durchschaubaren Verfahren gewonnen werden (40).

Was schliesslich Kolb betrifft, so kann auch er seine Beobachtung, "dass im
schriftlichen Gebrauch der Sprache die Regel strenger befolgt wird als im münd-
lichen", nicht mit Zahlen belegen (41). So mag denn eine Bestandsaufnahme nützlich und nicht ganz überflüssig sein. Freilich wollen wir die Wichtigkeit gerade
dieses Falles nicht überschätzen: Er kann und soll nur als Exemplum dienen, an
dem Grundsätzliches sichtbar wird. Nicht anders ist auch der zweite Fall zu be-
werten, den wir nun vorstellen wollen.

2.2 Fall 2: trotzdem als unterordnende Konjunktion?

Sprachpflege und normative Grammatik verbieten den Gebrauch von trotzdem als
unterordnende Konjunktion und schreiben stattdessen obwohl, obgleich, obschon
und andere Konjunktionen vor. So führt beispielsweise der schon zitierte sprachliche Ratgeber des Bertelsmann-Verlages aus: "trotzdem ist ursprünglich kein
Binde-, sondern ein Umstandswort: Es kann also nur in Hauptsätzen stehen und
ist nicht gegen obgleich auszuwechseln. 'Es regnete. Trotzdem gingen wir spa-
zieren.' 'Obwohl sie ihn verlassen hatte, blieb er seiner alten Liebe (trotzdem)
treu.' Aber keinesfalls: 'Trotzdem sie ihn verlassen hatte ...' Da kann nur 'obgleich' stehen" (42).

In anderen Werken wird trotzdem heute aber schon als unterordnende Konjunktion
zugelassen. So etwa in der Grammatik von W. Jung (mit Berufung auf Paul-Stolte)
(43) und in der Duden-Grammatik (44). Dieses Vorgehen wird mit der Feststellung
gerechtfertigt, dass trotzdem zu einem bestimmten Kreis von Konjunktionen ge-
höre, nämlich indem, seitdem und nachdem. Diese Konjunktionen zeichnen sich
dadurch aus, dass sie im Laufe der Zeit aus dem Hauptsatz in den Gliedsatz übergetreten sind, wobei die eigentliche, den Nebensatz einleitende Konjunktion (dass)
weggefallen ist. Die Duden-Grammatik erläutert dies durch folgende Beispiele:

Seit dem, dass ich ihn kenne, ist er mein Freund = Seitdem ich ihn kenne, ist er mein Freund. In dem, dass ich dies schreibe, überzieht sich der Himmel = Indem ich dies schreibe, überzieht sich der Himmel. Trotz dem, dass ich gehen wollte, horchte ich doch wieder auf seine Worte hin (A. Stifter). Trotzdem dass man nicht weiss, ob man sich mehr ärgern, lachen oder weinen soll (Raabe). Trotzdem das eine sich aus dem andern entwickelt (P. Ernst) (45).

Mit andern Worten: trotzdem ist in das System der unterordnenden Konjunktionen hineingewachsen (wie zuvor schon seitdem, indem und nachdem) und gehört heute – in der gleichen Funktion wie obwohl und obgleich – fest dazu. Aus diesem Grunde ist es nicht zu tadeln und darf nicht mehr als "Fehler" bewertet werden.

Man wird zugeben müssen, dass die Beweisführung der Duden-Grammatik sehr einleuchtend ist. P. v. Polenz heisst ihre Entscheidung – und damit auch die Entscheidung von Paul-Stolte und Jung, die nicht anders argumentieren – denn auch ausdrücklich gut: "Diese Entscheidung der Duden-Redaktion ist nicht etwa ein Nachgeben gegenüber dem Sprachgebrauch aus Bequemlichkeit. Die Duden-Redaktion hat sich vielmehr sprachwissenschaftlich mit dieser umstrittenen Norm auseinandergesetzt; sie hat ihre tolerante Haltung auf bessere Einsicht in Sprachstruktur und Sprachentwicklung gegründet." (46) An anderer Stelle heisst es dann noch einmal: "Die Duden-Grammatik hat also mit ihrer toleranten Haltung die rechte Entscheidung getroffen: Sie hat die Sprachrichtigkeit an der 'funktionsgerechten Verwendung' (G. Storz) gemessen." (47) Wenn v. Polenz hier einerseits den Gesichtspunkt der Sprachstruktur in den Vordergrund stellt, so vernachlässigt er andererseits nicht den zweiten Gesichtspunkt, auf den es uns hier ankommt: den der Statistik, die den tatsächlichen Gebrauch erfasst. Er weist auf so hervorragende Exempla wie Fontane, G. Hauptmann und Rilke hin und bezeichnet den Gebrauch von trotzdem in der Funktion von obwohl und obgleich als "eine sich immer mehr ausbreitende Gewohnheit". (48) Dazu ist nun freilich zu bemerken, dass diese Feststellung nur als persönlicher Eindruck gelten kann, da sie sich nicht auf eine systematische Erhebung stützt. Diese Erhebung ist durch einige wenige, mehr oder minder zufällig gefundene Belege nicht zu ersetzen, weil sie unter Umständen ein Bild vermitteln, das den wirklichen Verhältnissen nicht gerecht wird. Was aber die Exempla betrifft, so ist zu sagen, dass Fontane, Hauptmann und Rilke nicht geeignet sind, den "lebendigen Sprachgebrauch" (49) der Gegenwart zu repräsentieren. So mag denn auch im Falle trotzdem eine Bestandsaufnahme nützlich und sinnvoll sein. Dabei ist es von Vorteil, auch obwohl, obgleich und obschon in die Untersuchung miteinzubeziehen, um eine Vergleichsmöglichkeit zu gewinnen.

3.   Bestandsaufnahme

3.1 Das Korpus

Als Grundlage der Untersuchung dienten die oben (S. 21 ff.) genannten Texte, von einigen Ausnahmen abgesehen. Insgesamt wurden 105 Texte von 81 Autoren ausgewertet.

3.2 Die Erhebung

3.21 Der Fall brauchen

Unsere Erhebung stellte für den Fall brauchen zwei Fragen an den jeweiligen Text:
(a) Wie oft kommt brauchen mit dem Infinitiv vor? und (b): Wie oft wird der Infinitiv
mit zu beziehungsweise ohne zu angeschlossen? Die Auszählung der Belege hatte
folgendes Ergebnis:

Die Gesamtzahl der Belege beläuft sich auf 605. In 583 Fällen oder rund 96,4%
der Fälle wird der Infinitiv mit zu, in 22 Fällen - das sind rund 3,6% - wird er
ohne zu angeschlossen. In tabellarischer Form:

Tabelle 1

Gesamt		Anschluss mit zu		ohne zu	
Abs.	Rel.	Abs.	Rel.	Abs.	Rel.
605	100%	583	96,4%	22	3,6%

Diese Zahlen besagen also, dass in der gegenwärtigen deutschen Hochsprache der
Infinitiv nach brauchen durchweg mit zu angeschlossen wird; nur 3,6% weichen von
der Norm ab. Das ist ein relativ kleiner Prozentsatz; jedenfalls bestätigt er eher
eine von den Schreibern befolgte Norm, als dass er sie in Frage stellt.

Gibt es aber vielleicht Unterschiede zwischen der gehobenen Literatur und der
Trivialliteratur, etwa in der Weise, dass die Trivialliteratur stärker von der Norm
abweicht als die gehobene Literatur? Die folgende Tabelle gibt auf diese Frage eine
Antwort:

Tabelle 2

	Gesamt		Anschluss mit zu		ohne zu	
	Abs.	Rel.	Abs.	Rel.	Abs.	Rel.
Gehobene Literatur	458	100%	447	97,6%	11	2,4%
Trivialliteratur	147	100%	136	92,5%	11	7,5%
Sa.	605	100%	583	96,4%	22	3,6%

111

Für die Trivialliteratur zeigt die Tabelle tatsächlich einen um das Dreifache höheren Prozentsatz an als für die gehobene Literatur. Man könnte nun daraus - im Sinne unserer Frage - den Schluss ziehen, dass in der Trivialliteratur der Infinitivanschluss ohne zu relativ häufiger vorkommt als in der gehobenen Literatur. Es ist jedoch zu beachten, dass von den betreffenden 11 Belegen 6 auf einen einzigen Autor entfallen (50). Wenn man diesen Autor - als eine Ausnahmeerscheinung - nicht berücksichtigt, ändert sich der Wert wesentlich zugunsten einer, auch in der Trivialliteratur strikt befolgten Norm.

Auf die einzelnen politischen Gebiete verteilen sich die Belege folgendermassen:

Tabelle 3

| Politisches Gebiet | Gesamt | | Anschluss | | | |
| | | | mit zu | | ohne zu | |
	Abs.	Rel.	Abs.	Rel.	Abs.	Rel.
Schweiz	110	100%	108	98,2%	2	1,8%
West-Deutschland	241	100%	236	97,9%	5	2,1%
Ost-Deutschland	76	100%	75	98,7%	1	1,3%
Oesterreich	31	100%	28	90,3%	3	9,7%
Sa.	458	100%	447	97,6%	11	2,4%

Für Oesterreich ergibt sich, was den Anschluss ohne zu betrifft, ein sehr hoher Prozentsatz (9,7%). Die Gesamtzahl der Belege für Oesterreich ist freilich zu klein, als dass wir dieses Ergebnis als repräsentativ ansehen dürfen. Hier müsste die Quellengrundlage erweitert werden, wenn man der Frage nachgehen wollte, ob im österreichischen Schrifttum die Abweichung von der Norm grösser ist als zum Beispiel in West-Deutschland oder der Schweiz.

Wir dürfen also noch einmal feststellen, dass in der gegenwärtigen deutschen Schriftsprache der Infinitivanschluss nach brauchen durchgehend und - in Hinsicht auf die verschiedenen literarischen Qualitätsstufen und auf die einzelnen politischen Gebiete - ohne Unterschied mit zu erfolgt. Die Auswertung darf sich jedoch nicht mit einer Interpretation der Tabellen begnügen, um zunächst festzustellen, ob eine vorgeschriebene Norm befolgt wird, und dann alle Belege, die gegebenenfalls von der Norm abweichen, als normwidrig oder "fehlerhaft" einzustufen. Nicht jede Normwidrigkeit muss fehlerhaft sein, sie kann auch eine ihr vom Sprecher zugewiesene Funktion haben. Diese Funktion hebt die Norm - im Einzelfall und im ganzen - nicht auf, im Gegenteil: Sie lebt sogar von ihr und kann nur auf dem Hintergrund einer im allgemeinen Bewusstsein der Sprachgemeinschaft lebendigen Norm ihre Aufgaben erfüllen. Freilich kann es auch noch andere, nämlich systembedingte Gründe für eine Abweichung geben. Sie schränken den Geltungsbereich der Norm ein, indem sie Bedingungen formulieren, unter denen diese ihre Geltung verliert.

Eine entsprechende Sichtung jener Belege, die Anschluss ohne zu aufweisen, ergibt folgendes: Von insgesamt 22 Belegen weichen 3 ohne sichtbaren Grund ab. In allen andern Fällen lassen sich Gründe aufführen, welche für die Abweichung verantwortlich zu sein scheinen, nämlich:

(1) Der Infinitivanschluss ohne zu dient als Mittel der Personencharakterisierung. Beispiele:
FRISCH, Stücke II, 92 "Schmitz: 'Herr Biedermann brauchen keine Angst haben: Ich bin kein Hausierer!'"
Ebda. 93 "Schmitz: 'Herr Biedermann brauchen keine Angst haben, ich suche keine Arbeit.'"
HOCHHUTH 186 "Kocjan: 'Solange der Mann Polen regierte, der ihn wegen Raub von Ostpolen bekriegte und Katyn, brauchte er nicht reden mit Polen über Polen.'"

Bei den ersten beiden Belegen handelt es sich darum, den Brandstifter Schmitz als jemanden zu charakterisieren, der einem selbst gestellten Anspruch nicht gerecht wird: Er möchte sich "Herrn Biedermann" sprachlich anpassen, indem er eine ihm als fein und vornehm erscheinende Anrede wählt; zugleich kann er jedoch nicht verleugnen, dass er aus einem Milieu stammt, in dem es nur umgangssprachlich zugeht, das heisst in diesem Fall: wo brauchen ohne zu gebraucht wird. Wie bewusst Frisch hier vorgeht, beleuchtet auch die Tatsache, dass er in allen andern Fällen, die gezählt wurden (insgesamt 61), den Infinitiv mit zu anschliesst.

Im dritten Beleg ist der Anschluss ohne zu nach brauchen nur ein Mittel unter anderen (man beachte etwa die Wortstellung oder die Rektion von wegen), um den Polen Kocjan als fremd in seiner Umgebung erscheinen zu lassen.

(2) Der Infinitivanschluss ohne zu ist ein Mittel, um der Sprache, vor allem in der direkten Rede, eine umgangssprachliche und mundartnahe Färbung zu geben. Einige Beispiele:
ERNST 34 " 'Da kann ich mir wenigstens Geld verdienen und brauch nicht am Sonntag die Hand aufhalten, dass er mir gnädig ein paar Markl gibt.'"
Ebda. 63 " 'Jetzt brauchst bloss noch sagen, dass mir recht geschehen ist.'"
GRASS, Blechtrommel 399 "Haben ja alles vor der Tür liegen. Brauchen nur nehmen und mischen."

Auch hier ist der Anschluss ohne zu nur ein Mittel unter anderen, um umgangssprachliche Effekte zu erzielen. Man beachte etwa Markl im ersten Beispiel oder die Ellipse des Personalpronomens im zweiten und dritten.

(3) Manchmal wird der Infinitiv aus klangästhetischen Gründen ohne zu angeschlossen. Man vermeidet ein unmittelbar aufeinanderfolgendes zu:
SPOERL 48 "Die Blockflöte ist etwas für mich, dachte ich, denn im Gegensatz zum Klavier braucht man auf ihr immer nur einen Ton zugleich spielen ..." (statt: ... zugleich zu spielen).

MAYER 72 "Notwendig ist es nicht, denn die Schillerzitate ... brauchen gar nichts mit 'Einflüssen' irgendeiner Brecht-Lektüre zu tun haben" (statt: ... zu tun zu haben).
Dieselbe Erscheinung findet sich auch in folgendem Zufallsbeleg:
"Man braucht nicht immer physisch miteinander zu tun haben, um ein Mädchen kennenzulernen." (51)
Ein weiterer Zufallsbeleg ist in diesem Zusammenhang ebenfalls bezeichnend:
"Es brauchten auch nicht länger 90 Prozent der Abiturienten zu den Hochschulen zugelassen werden ..." (statt: ... zu den Hochschulen zugelassen zu werden) (52).

(4) Der Infinitiv ohne zu tritt in der Emphase an die Spitze des Satzes:
HOFFMANN 106 " 'Es könnte ja sein, wundern brauchte man sich ja nicht darüber, wahrhaftig nicht, wäre dem alten Lumpen ganz recht geschehen.' "
In diesem Fall wirkt sich neben der Emphase wohl die Tatsache aus, dass es sich um ein Gespräch handelt (vgl. Punkt 2). Der andere Fall, dass der Infinitiv in dieser Stellung mit zu gebraucht wird, kommt aber auch vor:
LERNET-HOLENIA 58 "Moncada: 'Zu umarmen brauchen Sie mich zwar nicht unbedingt ...' "
Es besteht gleichwohl ein feiner Unterschied zwischen den beiden Belegen, indem nämlich im ersten Beispiel auf wundern ein besonderer, stark hervorhebender Nachdruck liegt. Eine Informantenbefragung – das sei hier noch angefügt – ergab denn auch, dass in solchen Fällen der Infinitiv ohne zu bevorzugt wird. Schliesslich sei noch ein Beleg vorgeführt, in dem der Infinitiv sowohl von brauchen als auch von können abhängig ist, wobei brauchen den Infinitiv mit zu, können aber den Infinitiv ohne zu verlangen würde. In diesem Widerstreit setzt sich können durch, da es wegen seiner Stellung einen unmittelbareren Einfluss auf das abhängige Verb nimmt als brauchen:
SCHOENFELDT 165 "Man braucht nicht nur ganze Fische, man kann auch Portionen und Koteletts dämpfen."

Aus diesen Beobachtungen ziehen wir drei Schlüsse. (1.) Unsere Feststellung, dass brauchen in der Hochsprache durchweg den Infinitiv mit zu anschliesst, wird nachdrücklich gestützt. (2.) Es zeigt sich, dass die Regel in zwei Fällen mehr oder weniger eine Einschränkung erleidet, nämlich aus Gründen des Wohlklangs (vgl. Punkt 3) und der Emphasestellung (vgl. Punkt 4). (3.) Es tut sich ein nicht zu übersehender Gegensatz zwischen gesprochener (Umgangs-)Sprache und geschriebener (Hoch-)Sprache auf (vgl. Punkt 1 und 2). Für diese Deutung ist freilich ein Vorbehalt insofern angebracht, als es meines Wissens keine repräsentative Untersuchung für die Frage gibt, ob und wieweit in Mundart und Umgangssprache der Infinitiv nach brauchen tatsächlich ohne zu angeschlossen wird.

3.22 Der Fall trotzdem

Im Fall trotzdem wurde an den jeweiligen Text folgende Frage gestellt: Wie oft kommen obwohl, obgleich, obschon und trotzdem als unterordnende Konjunktionen vor? Die Untersuchung hatte folgendes Ergebnis.

Die Gesamtzahl der Belege beläuft sich auf 1007. Diese verteilen sich wie folgt auf die einzelnen Konjunktionen:

Tabelle 4

Gesamt		obwohl		obgleich		obschon		trotzdem	
Abs.	Rel.	Abs.	Rel.	Abs.	Rel.	Abs.	Rel.	Abs.	Rel.
1007	100%	669	66,4%	201	20,0%	128	12,7%	9	0,9%

Die Belege verteilen sich also keineswegs gleichmässig auf die vier Konjunktionen. Weit über die Hälfte der Belege (66,4%) entfällt auf obwohl, ein Fünftel auf obgleich, etwas mehr als ein Zehntel auf obschon und nicht einmal ein Hunderstel auf trotzdem. Die gleiche Rangfolge ergibt sich, wenn wir die Trivialliteratur von der gehobenen Literatur trennen:

Tabelle 5

	Gesamt		obwohl		obgleich		obschon		trotzdem	
	Abs.	Rel.	Abs.	Rel.	Abs.	Rel.	Abs.	Rel.	Abs.	Rel.
Gehobene Literatur	867	100%	551	63,6%	184	21,2%	123	14,2%	9	1,0%
Trivial- literatur	140	100%	118	84,3%	17	12,1%	5	3,6%	0	0 %
Sa.	1007	100%	669	66,4%	201	20,0%	128	12,7%	9	0,9%

In der gehobenen Literatur ändern sich die Prozentsätze nur unwesentlich, dagegen fällt bei der Trivialliteratur ins Auge, dass der auf obwohl entfallende Anteil um rund 20% grösser ist als in der gehobenen Literatur, und zwar zu Lasten der Konjunktionen obgleich und obschon, die vergleichsweise selten vorkommen (12,1% beziehungsweise 3,6%). Dass trotzdem hier nicht belegt ist, kann nur den verwundern, der in der Trivialliteratur eine weniger 'gepflegte', 'tiefer stehende' Sprache erwartet hat.

Schliesslich wollen wir uns noch die Verteilung der Belege ansehen, die sich ergibt, wenn wir nur die gehobene Literatur berücksichtigen und nach den Gesichtspunkten "Konjunktion" und "politisches Gebiet" differenzieren:

Tabelle 6

Politisches Gebiet	Gesamt		obwohl		obgleich		obschon		trotzdem	
	Abs.	Rel.	Abs.	Rel.	Abs.	Rel.	Abs.	Rel.	Abs.	Rel.
Schweiz	198	100%	57	28,8%	25	12,6%	113	57,1%	3	1,5%
West-Deutschland	502	100%	350	70,0%	143	28,5%	9	1,8%	0	0 %
Ost-Deutschland	85	100%	76	89,4%	7	8,2%	0	0 %	2	2,4%
Oesterreich	82	100%	68	82,9%	9	11,0%	1	1,2%	4	4,9%
Sa.	867	100%	551	63,6%	184	21,2%	123	14,2%	9	1,0%

Was West-Deutschland angeht, so treffen wir hier die schon bekannte Reihenfolge
wieder an: (1.) obwohl, (2.) obgleich, (3.) obschon und (4.) trotzdem. Es fällt aber
auf, dass obschon - zugunsten von obwohl und obgleich - einen vergleichsweise
geringeren Prozentsatz aufweist, während trotzdem kein einziges Mal belegt ist.
Letzteres erstaunt um so mehr, als für West-Deutschland die weitaus meisten
Belege gesammelt wurden und damit die Wahrscheinlichkeit, trotzdem anzutreffen,
entsprechend grösser ist als zum Beispiel bei Ost-Deutschland oder der Schweiz.

Bei Ost-Deutschland ändert sich die Reihenfolge: (1.) obwohl, (2.) obgleich,
(3.) trotzdem und (4.) obschon. Da wir jedoch nur eine verhältnismässig kleine
Gesamtzahl (85) haben und die Zahl 2 für trotzdem als Zufallsgrösse anzusehen
und deshalb statistisch nicht relevant ist, müssen wir grosse Vorsicht bei der
Interpretation walten lassen. Wir halten deshalb nur fest, dass Ost-Deutschland
im grossen und ganzen die für West-Deutschland festgestellten Verhältnisse bestätigt.

Das gleiche lässt sich - überraschenderweise - nicht auch von der Schweiz sagen.
Hier wird obschon weitaus häufiger gebraucht als obwohl: mit 57,1% aller Belege
führt es die Rangliste der Konjunktionen an, gefolgt von obwohl, obgleich und
schliesslich trotzdem, das nur drei Belege auf sich vereinigt. Einen Beleg mehr
für trotzdem, nämlich vier, weist Oesterreich auf. Damit drängt es obschon, das
nur einmal belegt ist, auf den letzten Platz. Aber auch hier ist - aus den gleichen
Gründen, die wir oben in Hinsicht auf Ost-Deutschland angeführt haben - zu sagen,
dass im grossen und ganzen die für West-Deutschland festgestellten Verhältnisse
bestätigt werden.

Ohne unsere Statistik zu überfordern, dürfen wir zusammenfassend sagen, dass
durchgängig von den vier unterordnenden Konzessivkonjunktionen am häufigsten
obwohl gebraucht wird, dass obgleich ungleich weniger vorkommt und dass obschon
und trotzdem etwa gleich häufig, aber in verschwindend geringer, kaum ins Gewicht

fallender Zahl begegnen. Eine Ausnahme bildet die Schweiz insofern, als hier obschon statt obwohl den ersten Platz einnimmt.

Bemerkenswert ist ausserdem noch folgendes, was aus den Tabellen nicht unmittelbar hervorgeht. Von den neun Belegen für trotzdem entfallen vier auf Texte, deren
Zugehörigkeit zur gehobenen Literatur man in Frage stellen kann (53). Die vier
Belege für Oesterreich aber entfallen alle auf einen einzigen Autor (Doderer). Mit
diesen Beobachtungen sichern wir uns noch mehr ab, wenn wir jetzt den Schluss
aus unserer Bestandsaufnahme ziehen, dass trotzdem als unterordnende Konjunktion
sich in der gegenwärtigen Schriftsprache noch keineswegs durchgesetzt hat. An-
hangsweise sei noch vermerkt, dass sich aus unseren Belegen - ähnlich wie für
brauchen ohne zu - keine Bedingungen herauslesen lassen, die den Gebrauch von
trotzdem in irgendeiner Weise beeinflussen (54).

4. Schlussüberlegungen
   Gesprochene und geschriebene Sprache. Vorrang der Statistik

Es stehen sich also die Ergebnisse zweier Analysen gegenüber: der Strukturanalyse
und der Statistik. Erstere kommt zu dem Schluss, dass in der geschriebenen Hochsprache nach brauchen allein der Anschluss ohne zu "angemessen" und trotzdem
als unterordnende Konjunktion zuzulassen sei; letztere zeigt aber auf, dass in
der "Sprachwirklichkeit" der Anschluss mit zu die Regel ist und dass trotzdem
als unterordnende Konjunktion gemieden wird. Welchem Kriterium soll man nun
den Vorzug geben? Da beide hinsichtlich ihrer Klarheit und Eindeutigkeit sich in
nichts nachstehen und sie mit gleichem Recht ihre Berücksichtigung verlangen,
ist eine Entscheidung nicht leicht. Wir brauchen diese Entscheidung - in selbst-
auferlegter Beschränkung - hier nicht zu fällen. Gleichwohl sei zum Schluss noch
folgendes zu bedenken gegeben.

Der statistische Befund hebt die Probleme um brauchen und trotzdem in einem gewissen Sinne auf: Von Unsicherheit kann, statistisch gesehen, kaum die Rede sein.
Wenn trotzdem Unsicherheit bestehen bleibt, dann dürfte sie auf einer anderen
Ebene liegen und den Unterschied zwischen gesprochener und geschriebener Sprache
betreffen. Die Sprachgemeinschaft scheint den Unterschied aber zu bejahen, und
zwar um den Unterschiedes selbst willen. Was man ihr gern als Aengstlichkeit
und 'Normgläubigkeit' auslegt, muss eher als eine grosse Bewusstheit gedeutet
werden, welche die Verschiedenheit zwischen 'Rede' und 'Schreibe' sieht und nicht
einebnen möchte. Alle einschlägigen Untersuchungen sollten deshalb bei der Auswahl ihrer Quellen diesen Unterschied berücksichtigen (55).

Wenn es darum geht, den Wert der Argumente gegeneinander abzuwägen, dann
darf die Statistik nicht zu kurz kommen. Man sollte ihr sogar den Vorzug gegenüber der Strukturanalyse einräumen. Es gibt nämlich in der Sprache keinen a n
s i c h "besseren", "richtigeren", "angemesseren" Sprachgebrauch. Ueber "besser",
"richtiger" und "angemessener" entscheidet einzig und allein die Konvention der
Sprachgemeinschaft, wie sie in der Statistik erfasst wird. In ihr spiegelt sich
sozusagen der Volkswille wider: "In der Demokratie, so sagt man, ist der Souverän
das Volk. Im gleichen Sinne ist in der Sprache der Souverän das sprechende Volk"

(56). W. Betz hätte noch hinzufügen können: das schreibende Volk. Das stimmt zu der Ansicht von J. Erben, der einmal so gesagt hat: "... die Norm wird in jedem Zeitalter erneut auf Grund des jeweils geltenden Sprachgebrauchs und wirksamen Sprachgefühls zu bestimmen sein." (57) Freilich ist es stets legitim, den Sprachgebrauch in "angemessenere" Bahnen lenken zu wollen, denn die Souveränität des Volkes ist, um noch einmal Betz das Wort zu geben, "eine partielle Souveränität ..., die man nicht nur zu beeinflussen, zu lenken, zu manipulieren versucht, sondern die geführt, aufgeklärt werden muss." (58) Ueberflüssig zu sagen, dass damit Gedanken, wie Kolb, Grebe, v. Polenz und andere sie vortragen, ihr Recht widerfährt.

ANMERKUNGEN

(1)   Zum Vorstehenden vgl. Bach 265f. - Moser (1965) 148.

(2)   Moser im Vorwort zu Kaiser (S. 8).

(3)   Vgl. den Bericht über eine Tagung auf der Lenzburg ("Sprachpflege: bisherige Leistungen, neue Pläne und ihre Realisierbarkeit") in: Sprachspiegel 4, 1970, S. 127f.

(4)   Vgl. Duden-Grammatik 324f.

(5)   Vgl. Duden-Grammatik 324.

(6)   Vgl. Duden-Grammatik 323.

(7)   Kaiser 15.

(8)   Ebda. 28.

(9)   Ebda.

(10)   In Anlehnung an Kellerer (1960) 127.

(11)   Haseloff-Hoffmann 184.

(12)   Vgl. de Saussure 94.

(13)   Vgl. zum folgenden Duden-Grammatik 171ff. Die dort gegebene, der Tradition verpflichtete Systematik der Deklinationsarten schien mir - nach Prüfung anderer Systematiken (z. B. die von Erben und Schulz-Griesbach; vgl. auch Ekkert) - trotz gewisser Schwierigkeiten für meine Zwecke am geeignetsten. Die Singularia tantum, welche nicht ohne weiteres der starken, schwachen oder gemischten Deklination zugewiesen werden können, habe ich übrigens der starken (Maskulina und Neutra) beziehungsweise der schwachen (Feminina) zugezählt, eine Massnahme, die rein pragmatisch und nicht im Sinne einer strengen Systematik verstanden werden will.

(14)   Haseloff-Hoffmann 170.

(15)   Ebda. 175.

(16)   Vgl. Haseloff-Hoffmann 298 (Tabelle O).

(17)   Haseloff-Hoffmann 156.

(18)   Vgl. ebda. 293 (Tabelle I).

(19)   Tatsächlich errechnet sich für die Differenz der Genitiv-Werte ein z-Wert von -5, 0, was Signifikanz auf dem 0, 3%-Niveau bedeutet.

(20)   D.h. ein sicherer p o s i t i v e r Schluss; es ergibt sich nämlich ein $\chi^2 = 1,478$, das bei 2 Freiheitsgraden einem p > 20% entspricht.

(21)   Bei zwei Belegen ist das Genus formal nicht zu bestimmen. Vgl. GRASS, Blechtrommel 279 "trotz der Stöhnenden".

(22)   Tatsächlich ergibt sich ein $\chi^2 = 3,482$, das bei 2 Freiheitsgraden einem p > 10% entspricht.

(23)   Vgl. Kaiser 137: "während: (= andere Konstr.:) Mit Gen. in Vb. mit 'dauern': 'Die Veranstaltung dauert nur w[ährend] einiger Stunden' (= einige Stunden lang) ..."

(24)   Vgl. Duden-Grammatik 324. Der Dativ wird gewählt, "wenn dem singularischen starken Substantiv ein singularisches starkes Substantiv im Genitiv vorangeht: ... während meines Freundes Hiersein ...". In unseren drei Belegen treten freilich anstelle eines Substantivs Namen im

Genitiv auf. Zu dem Beispiel der Duden-Grammatik ist noch zu bemerken,
dass <u>Hiersein</u> zwar als Dativ, aber auch als Nominativ und Akkusativ interpretiert werden kann.

(25) Vgl. Kellerer (1960) 128.

(26) Wir gehen hier also etwas anders vor als oben (S.   ). Das früher angewandte Verfahren ist freilich darum nicht weniger genau, da die Belege
vom Kompositionstyp I auch dort gesondert behandelt werden.

(26a) Duden-Grammatik 166.

(27) Duden-Grammatik 165.

(28) Vgl. Duden-Hauptschwierigkeiten 680.

(29) Vgl. dazu auch Gelhaus ("Trotz Rechts") 355f., wo auf gewisse Ausführungen der
Duden-Grammatik und der Grammatik von Jung kritisch Bezug genommen wird.

(30) Erstdruck in etwas anderer Form: Wirkendes Wort 5, 1969, S. 310ff.

(31) Die meisten der hier aufgeführten Gesichtspunkte nennt mit kritischer
Würdigung das Jahrbuch des Instituts für deutsche Sprache Mannheim
1966/67 ("Sprachnorm, Sprachpflege, Sprachkritik"), S. 7: "Die Häufigkeit (Frequenz) pflegt an erster Stelle genannt zu werden. Aber man wird
mit Recht einwenden, dass der Geltungswert von Normen nicht allein eine
Funktion der sprachlichen Statistik sein kann und darf. Als zweites ob-
jektives Kriterium wird man die Strukturgemässheit nennen. Aber täuschen wir uns nicht; auch dieser Massstab ist nicht völlig gesichert und
zuverlässig ... Dem Gesichtspunkt der Zweckmässigkeit, des Ausbaus
des sprachlichen Systems im Sinne einer Verbesserung der Kommunika-
tionsfähigkeit der Sprache wird man gleichfalls eine wichtige Stelle zuwei-
sen, aber es gibt auch hier keine allgemein anerkannten Kriterien für die
Beurteilung. Massstäbe ethischer und vor allem ästhetischer Art sind
ebenfalls nicht unumstritten; bei den letzteren spielt der wechselnde Zeit-
geschmack ja eine grosse Rolle. Bleibt noch das 'Sprachempfinden' in
einem gruppenpsychologischen und sozialen Sinn. Der Nachteil ist hier
jedoch, dass es zwar hinsichtlich des überkommenen Sprachstandes weitgehend übereinstimmt, aber, was Systemänderungen angeht, nicht selten
auseinandergeht ...". - Jäger (Sprachnorm) spricht sich für folgende Kriterien aus: (a) Genauigkeit und Eindeutigkeit der intendierten Information;
(b) Verbreitung des Gebrauchs; (c) sprachliche Oekonomie (Strukturgemässheit, Analogie, sprachliche Knappheit); (d) ästhetische Gesichtspunkte.

(32) Vgl. Jung 205f.

(33) Vgl. Schulz-Griesbach (Sprachlehre) 121.

(34) Vgl. Mackensen 41.

(35) Vgl. Duden-Grammatik 529.

(36) Kolb (1964) 78.

(37) Vgl. zum Vorstehenden Kolb (1964) 65ff.

(38) Grebe (Sprachnorm) 153.

(39) Brinkmann 363.

(40) Vgl. dazu Grebe (1962) 72f.: "Ihr Material gewinnt die Dudenredaktion
zunächst wie jede wissenschaftlich arbeitende Stelle aus dem Schrifttum,
dann aber vor allem ... durch ihre umfangreiche Sprachberatung und
schliesslich durch ihre 10 bis 20 Sammler, alles pensionierte Studienräte

mit der Fakultas Deutsch, die Tageszeitungen und Schrifttum auf neues
Wortgut hin durchsehen und die gesamte moderne Literatur auf den syn-
taktischen Einsatz der drei Hauptwortarten hin überprüfen." Aus diesen
Angaben wird nicht recht klar, ob die Duden-Redaktion - gegebenenfalls
auf Grund einer repräsentativen Stichprobe - systematische Erhebungen
anstellt oder anstellen lässt. - Was Bech betrifft, so muss man z. B.
fragen, ob Fontane oder Annette von Droste-Hülshoff die "moderne deutsche Schriftsprache" (Bech I, 3) repräsentieren können und ob der Aus-
schluss ganzer Gattungen, etwa der Zeitung, zu rechtfertigen ist.

(41) Kolb (1964) 64.
(42) Mackensen 64.
(43) Jung 385.
(44) Duden-Grammatik 341.
(45) Vgl. Duden-Grammatik 341.
(46) v. Polenz (1964) 77.
(47) Ebda. 79.
(48) Ebda. 77.
(49) Vgl. v. Polenz (1964) 76: "Wir dürfen sie [sc. die traditionellen Normen]
      zumindest überprüfen, indem wir sie an den Gesetzen der Sprachstruktur
      und an der Sprachentwicklung messen und sie mit dem l e b e n d i g e n
      S p r a c h g e b r a u c h vergleichen" (Sperrung von mir).
(50) Es handelt sich um ERNST.
(51) J.D. Salinger, Der Fänger im Roggen (= rororo-Taschenbuch 851). Nach
      der ersten Uebersetzung (Zürich 1954) neu durchgesehen und bearbeitet
      von H. Böll, Hamburg 1967, S. 58.
(52) Frankfurter Allgemeine Zeitung, 18. November 1967, S. 1.
(53) Es handelt sich um KALENDER PRENZLAU und STREULI.
(54) Mit diesem Befund vgl. Möller 81: "Das Bestreben, recht deutlich und
      unmissverständlich zu sein, zeigt sich an vielen unscheinbaren Zügen
      unserer Sprache ... Obgleich wird in zunehmendem Masse durch trotz-
      dem ersetzt. Die Scheidung trotzdem für den Hauptsatz, obgleich für den
      Nebensatz ist - wenn sie für die Gebrauchssprache jemals bestanden hat -
      aufgegeben. Trotzdem ist einleuchtender; obgleich, obwohl werden in
      ihrem Bedeutungsgehalt nicht mehr voll begriffen." Vgl. auch v. Polenz
      (1964) 76: "Der Typus obwohl, obgleich ist nur der versteinerte Rest
      eines älteren Zustands; er hat im heutigen System der Nebensatzkonjunk-
      tionen keinen sehr sicheren Stand mehr." Ob die Deutungen und Bewer-
      tungen, welche Möller und v. Polenz hier geben, für die gesprochene
      Sprache zutreffen, bleibe dahingestellt; für die Schriftsprache jedenfalls
      werden sie durch unsere Erhebung nicht bestätigt.
(55) v. Polenz (1964) 76 ebnet diesen Unterschied ein, wenn er schreibt: "Die
      Art von Sprachgebrauch, die für eine fruchtbare Kritik an den traditionel-
      len Normen herangezogen werden darf, ist die Redeweise klar denkender
      und im öffentlichen Leben geachteter Menschen im freien, ernsthaften
      Gespräch, ohne den Zwang schriftlicher Vorlagen oder Vorbilder, allein
      unter dem Gesetz der Sprechbarkeit und Verständlichkeit für den Hörer.
      Erst in der lebendigen Redesituation zeigt sich, welche Sprachnormen

leistungsfähig sind und welche nicht."

(56)   Betz (1968) 26.
(57)   Erben (1960) 27.
(58)   Betz (1968) 26.

Korrekturnotiz: Nach Abschluss des Manuskripts ist mir noch Andreas Bänziger: Kasusabweichungen in der Gegenwartssprache. Eine Untersuchung anhand von Beispielen aus der schweizerischen Presse, Diss. Freiburg/Schweiz 1970 bekannt geworden. Die Arbeit enthält lediglich einige Bemerkungen über den "Kasus in der präpositionalen Fügung" (S. 162ff.) und bietet keine detaillierte Statistiken. Bänzigers Schlussfolgerungen ("Immerhin scheinen ungewohntere Präpositionen eher den Dativ nach sich zu haben als die gängigeren wie 'wegen' und 'während'." S. 163) liefern denn auch nur vage Informationen, die für den Sprachdidaktiker von geringem Wert sind.